Destino La Meca

Libros de Idries Shah

Estudios Sufis y literatura de Medio Oriente

Los Sufis

Caravana de sueños

El camino del Sufi

Cuentos de los derviches: *Cuentos-enseñantes milenarios*

Pensamiento y acción Sufi

Psicología tradicional, encuentros enseñantes y narrativas

Pensadores de Oriente: *Estudios sobre empirismo*

La sabiduría de los idiotas

La exploración dérmica

Aprender cómo aprender: *Psicología y espiritualidad en la vía Sufi*

Saber cómo saber

El monasterio mágico: *Filosofía analógica y práctica*

El buscador de la verdad

Observaciones

Noches con Idries Shah

El yo dominante

Disertaciones universitarias

Un escorpión perfumado (Instituto para el estudio del conocimiento humano – ISHK – y la Universidad de California)

Problemas especiales en el estudio de ideas Sufis (Universidad de Sussex)

El elefante en la oscuridad: *Cristianismo, Islam y los Sufis* (Universidad de Ginebra)

Aspectos negligidos del estudio Sufi: *Empezando a empezar* (The New School for Social Research)

Cartas y disertaciones de Idries Shah

Ideas actuales y tradicionales
Reflexiones
El libro del libro
Una gacela velada: *Viendo cómo ver*
Iluminación especial: *El uso Sufi del humor*

Corpus del Mulá Nasrudín
Las ocurrencias del increíble Mulá Nasrudín
Las sutilezas del inimitable Mulá Nasrudín
Las hazañas del incomparable Mulá Nasrudín
El mundo de Nasrudín

Viajes y exploraciones
Destino: La Meca

Estudios sobre creencias minoritarias
El conocimiento secreto de la magia
Magia oriental

Cuentos selectos y sus trasfondos
Cuentos del mundo

Una novela
Kara Kush

Trabajos sociológicos
La Inglaterra tenebrosa
Los nativos están inquietos
El manual de los ingleses

Traducidos por Idries Shah
Los cien cuentos de la sabiduría (El *Munaqib* de Aflaki)

Destino La Meca

Idries Shah

ISF PUBLISHING

Título original: *Destination Mecca*
Publicado en inglés por ISF Publishing

Traducción de ISF Publishing

ISBN 978-1-78479-902-1

Primera publicación: 1957
Edición actual: 2019

En asociación con The Idries Shah Foundation

Índice

No busques nuestra última morada en esta tierra;
Mas encuéntrala en los corazones de las personas.

Rumi

CAPÍTULO I

Caballero errante

Octubre en Londres. Alejados de la terraza del Club, un puñado de vagabundos de Embankment agachados bajo los árboles desnudos. Me paré junto al reconfortante radiador y los observé, contrastando extrañamente con los habitantes de mi pequeño mundo.

¿Acaso sus vidas, acurrucadas en un banco público, estaban resultando como querían... como habían creído que serían? ¿Era la mía, despatarrada en una acogedora sala de fumadores, más productiva? De todos modos, no estaba seguro de que ambos pensamientos fuesen demasiado importantes.

En el rincón, algunos acérrimos y añejos habitués de la vida de club fumaban y murmuraban entre sus ociosas pintas. Camareros corteses, finos, sonrientes, rondando bien acicalados, daban a nuestra comunidad artificial un aire superficial de bienestar que, mediante observación prolongada, descubrí que se basaba en falsas suposiciones. En realidad, cada uno de los sirvientes obsequiosos tenía más efectivo disponible que el dinero que la vida de club les permitía gastar a muchos miembros en apuros... y endeudados hasta el tuétano. El Clubland estuvo condenado a partir de la época en que la mayoría de las personas que se encontraban al otro lado de estas paredes creían que un club era un lugar donde se bailaba hasta la madrugada. "Mantenerse a la par de los vecinos" era todo lo que quedaba; éramos un vestigio de otro tiempo. Al menos nuestros vecinos de Embankment tal vez habían hecho las paces con la vida. Nosotros, no.

¿Qué era yo? Un escritor, un viajero... en cierto sentido un paria. Parecía gracioso cómo los nombres, las etiquetas, las asociaciones de ideas – sombras sin sustancia – podían capturar e influir en las mentes de los hombres incluso hoy en día; aún hoy en día, cuando la insipidez es lo común.

Un escritor, digamos, es respetable; aunque casi sea antisocial puede ser llamado bohemio. Es un trabajador creativo, o se supone que lo es: eso es suficiente. La gente debe tener etiquetas. El desafío es conseguir la correcta, y luego aferrarse a ella...

Los escritores y los viajeros son hombres informados, personas a tener en cuenta; así es la impresión general. Un refugiado, por otro lado, es algo no muy agradable. Él no encaja en ningún patrón. ¿Un escritor refugiado? Nada en absoluto. El adjetivo, entonces, se traga al sustantivo. ¿Era uno un exiliado, entonces, o un emigrado?

Había dejado atrás ciertas cosas en el Oriente y, a su vez, había recogido otras en Occidente. Mientras tanto, la marea de la vida y de los acontecimientos había pasado. Otros tiempos, otras formas aún se aferran a la mente; una trampa para los incautos, como aquellas largas espadas ceremoniales que lucen bien pero el portarlas es una pesadilla.

La introspección puede ir demasiado lejos, y no necesitas que te lo diga. Hace poco más de cuatro años yo había tenido todo lo que quería en un sentido material. ¿Qué exiliado, sin embargo, no dice que alguna vez fue rico? Este caso es paralelo al de los reencarnacionistas modernos, quienes parecen capaces de identificar a las antiguas celebridades renacidas de un modo mucho más fácil que a las personas más humildes. Tuve que encontrarme, hacer las paces con el mundo. Si los vagabundos podían hacerlo, seguramente yo (también una especie de errante) podría hacer lo mismo.

Que la nobleza obliga es una fantasía deliciosa: no llena el estómago ni calma la conciencia realmente.

A partir de un laberinto de ideas empañadas comenzaron a surgir puntos salientes. Había escrito bastante, principalmente para mi propio disfrute. Gran parte de ello, también, había sido publicado; y ahora estaba realmente viviendo de ese pasatiempo. No podía decir que estaba disfrutando de la experiencia, porque no me consideraba un trabajador creativo. No podría, por ejemplo, tejer belleza (o cualquier otra cosa) con meras palabras y venderlas como literatura. Tendría que vender lo que pudiera, donde pudiese, más allá de cualquier talento en ciernes, independientemente de cualquier cosa que no fuera ese cheque. Sorprendentemente, no parecía tener rencor para con la vida; todos mis pensamientos se dirigían hacia la acción.

Tenía que indudablemente salir de este entorno. Los clubes y la vida social parecían ser para aquellos que se lo ganaban o que no necesitaban ganar dinero en absoluto.

Subí a mi habitación, que desde lo alto daba al río.

Mi maleta estaba sobre una silla, y saqué lo que quedaba adentro: un mapamundi, algunas piedras que recogí en Sudamérica porque parecían ser de formas y colores interesantes, y una cámara Robot f/2.8.

Desplegué el mapa en el piso, coloqué cuatro piedras sobre Asia y África, y planifiqué mi itinerario.

Había estado intentando que algún periódico se interesara en patrocinarme una caminata a través de la Arabia y África desconocidas. Si "fuera y regresara por mis propios medios", siempre estarían "encantados de ver el material". Parece que continuamente hay docenas de jóvenes fastidiosos que andan por Londres tratando de que la gente se interese en sus cosas.

Miré las piedras y los lugares que marcaban: La Meca, bastión del Islam, ciudad prohibida para los no musulmanes, objetivo de cada peregrino musulmán. Visitar el Santuario allí es el deber de todos los que siguen las enseñanzas de Muhammad. Sudán: tierra de los temidos mahdistas, de los Nilos gemelos, los ju-ju y las Minas de Salomón. Afganistán: país de mi abuelo, más allá de cuya frontera sur yace el reino de las montañas inexploradas del agitador Fakir Ipi, gobernante de tres millones de guerreros pastunes. Y Petra: una ciudad tallada en la roca viva rosada durante días prehistóricos que, según los rumores, sería el escondite de un tesoro incluso más grande que el de Salomón, hijo de David, Comendador de los Jinn.

Había siete piedras; a las últimas tres las coloqué sobre Siria, el Líbano y Chipre, el hogar de Venus.

Ese sería mi camino durante más o menos un año: viajes, aventuras, material para escritos, una cierta medida de olvido y una nueva degustación del Oriente...

Telefoneé a un viejo amigo. "¿Estás pensando en ir a Arabia Saudita? Me imagino que el rey te ha invitado. ¿No? ¿Cuáles son tus planes, entonces? Oh, mi querido amigo, no puedes simplemente *caminar*, ¿sabes? De cualquier manera te deseo la mejor de las suertes."

Agarré la Robot 2.8, la pesé en mi mano. El día anterior me comentaron que había un lugar extra en un barco sobrante de la marina. "Entrega en Tánger, muchacho, pan comido. ¿Te gustaría venir?"

Cuando estaba en Inglaterra planeando mi viaje por Oriente y hablando con espíritus afines sobre la idea de buscar lugares inusuales y escribir sobre ellos, una cosa parecía estar en boca de todos.

"¿El viejo Tony? No, él no anda más por acá. Hizo su fortuna en Tánger, dicen."

"¿George? Lo vi en Cornwall, arreglando los botes. Es realmente gracioso, pero parece que se ha vuelto un fanático de la navegación en yate. Estaba terminando tres trabajos en barcos que habían sido de la marina. Supongo que tiene clientes para ellos...” “¿Freddie? Sí, recibí una postal suya con el sello de las Canarias, si lo puedes creer. Dijo que solo estaba navegando con algunos amigos...” “Tommy? ¿No te enteraste? Le dieron un año por contrabandear cigarrillos de Tánger a España; también solía llevarlos a las Canarias en un rápido cazasubmarinos sobrante de la postguerra o algo así. Mala suerte, ¿no crees?”

Imágenes y material sobre el contrabando desde Tánger; ese era un enfoque. Me puse a recoger información. Nadie quería hablar mucho, pero un viejo amigo de la escuela me dijo que, desde la guerra, la mayoría de las lumbreras se habían ido pitando rumbo al Mediterráneo, donde se podían hacer fortunas. “Armas para los judíos y árabes, muchacho. Luego los refugiados de la India y Pakistán. Después los cigarrillos y las medias de nylon hacia Europa desde Tánger. Tánger es el lugar. O Villefranche-sur-Mer en Francia”.

Pero no pude ponerme en contacto con nadie que hubiera estado en la ruta del cigarrillo a través del Estrecho de Gibraltar. Lo más cerca que estuve fue cuando le dejé una generosa propina a un barman en un pequeño club del West End, quien me dijo que regresara en una semana; lo que obtuve a cambio fue, aparentemente, la única pista disponible.

Ahora es apenas un papel arrugado que está delante de mí mientras escribo. He cambiado los nombres y mezclado todos los detalles, por supuesto.

“1. J__ M__. Afirma haber tenido experiencia en un barco de cigarrillos. Clase “B” ML, y anteriormente experiencia de guerra en el ejército indio. Dirección actual desconocida, pero puede ser contactado a través del Banco X, Isle of Man.

“2. G__ S__, anteriormente de la casa de St. Paul, Woffingham, Devon. Ahora dirigiendo Motor Yacht *Boysie*, c/o GPO, Tánger. Ha realizado varios viajes a través del estrecho y ahora está vendiendo botes a los interesados en el contrabando de cigarrillos. Mientras espera ofertas por los botes (que él equipa y navega hacia Tánger), realiza contrabando en fletes a través del Estrecho y, posiblemente, hacia las Canarias. Una persona extraña.

"3. E__. Antiguo compañero de tripulación del nº 2, pero se enemistaron. Ahora está en algún lugar de Inglaterra, tratando de reunir capital para comprar o alquilar un barco para usarlo en el contrabando de cigarrillos. Dice que hasta ahora no ha logrado que nadie crea en el plan, o tal vez no le quieren confiar las aproximadamente £ 3.000 que necesita... o quizá no lo entienden. Una vez se amotinó contra su capitán en el estrecho.

"4. D__ W__. Fue especialmente al Mediterráneo para estudiar la cuestión. Esta es la dirección de su casa (...). Nadie sabe dónde está ahora.

"5. J__ P__. Es un hombre útil y ambicioso, y está tratando de romper con el No. 2, de quien es tripulante. Mantiene sus ojos abiertos y seguramente pronto le vaya bien. Paradero actual: probablemente con el número 2 (arriba) en el Mediterráneo. Sugiero que busques más información en Tánger."

No hubo respuesta de los diversos contrabandistas a quienes escribí como resultado de esta información. Pero de alguna manera se corrió la voz de que mi conocimiento de idiomas podría ser útil en la zona...

"Entrega en Tánger, muchacho, pan comido. ¿Te gustaría venir?"

Veinticuatro horas más tarde estaba rumbo al estuario del Támesis sobre *Jemima*, la embarcación – previamente de la marina – de veintiún metros que Aubrey llevaba a la zona de contrabando. Exultante, pensé que el destino había jugado su mano. No me habían obligado a separarme de la Robot 2.8... que necesitaba para las fotos. Y me dirigía hacia Oriente.

La Meca, ahí voy: aunque tenga que hacer todo el camino a pie una vez que llegue a suelo oriental ...

CAPÍTULO II

Tánger: el paraíso de los contrabandistas

AUBREY ME EXPLICÓ la situación en Marruecos durante esos largos días tirados bajo el sol tras la partida.

"Tánger es una zona internacional forjada en Marruecos. Es administrada por una comisión internacional que es tan neutral que se cava su propia tumba a cada paso. Puedes hacer muchas cosas, legalmente, que en cualquier otro lugar te llevarían directamente a la cárcel; y puedes conseguir casi cualquier cosa si tienes los recursos. Cientos de personas han hecho montones de dinero llevando a Europa cigarrillos, penicilina – incluso drogas – desde Tánger."

"¿Pero de dónde sacas los suministros?"

"Los cigarrillos – yo no tocaría ninguna otra cosa – se importan de manera regular desde Estados Unidos. Puedes importarlos tú mismo, si así lo quieres. Sin embargo, la mayoría de la gente se los compra a los importadores. Estos se mantienen en depósitos para ser reenviados 'a otro lugar'. Legalmente, puedes llegar en un bote y comprar todos los cigarrillos que quieras y llevarlos a España. Si necesitas papeles falsos, por cualquier motivo, Tánger es el lugar donde obtenerlos."

"¿Y entonces qué?"

"Luego los cargas en tu barco, los llevas a España, a las Islas Canarias o incluso a Italia, y los vendes por lo que puedas obtener. Es raro que tu ganancia sea inferior al 50%, y a menudo es arriba del 100%."

"¿Cómo haces los arreglos en lo referido a dónde desembarcarán los cargamentos?"

"Bueno, puedes aparecer con tu bote y tomar los cigarrillos como carga para un 'agente' o puedes comprar y vender por tu cuenta. Si estás fletando, de los arreglos se encargan otros. Todo lo que tienes que hacer es estar en algún lugar cuando se te indique, con el cargamento, y obtendrás tu dinero después de entregar los cigarrillos."

Aubrey me explicó que era difícil establecerse por propia cuenta sin un capital considerable. Después de la guerra, un gran número de marinos retirados habían comprado lanchas rápidas y adecuadas a bajo precio, y zarpado con ellas rumbo a Tánger para sacar provecho del auge allí.

Luego vinieron las dificultades. Los españoles reclamaron jurisdicción sobre el mar abarcando una distancia mayor que el límite normal de 4.8 kilómetros. Confiscaron barcos y arrestaron a los capitanes, y esto significaba un soborno para sacarlos. "Hoy en día, en Tánger puedes sacar un seguro contra la incautación de la Aduana española."

El trabajo de los contrabandistas consistía en cargar raudamente en Tánger, hacer la ruta rápida hacia territorio español y transbordar en pequeños barcos de pesca o, si no, descargar el cargamento en algún lugar donde el comprador hubiese enviado camiones para recogerlo. Existían inconvenientes: los piratas habían estado activos y los envíos habían sido secuestrados. Ahora bien, para ganar velocidad en una persecución, a veces había que tirar los cargamentos. Los españoles usaban buques torpederos alemanes con rápidos motores Mercedes, y estos podían ser un verdadero peligro.

Se creía que el comercio llegaba a más de £ 10.000.000 al año, y los cargamentos individuales podían producir una ganancia de entre £ 7.000 y £ 15.000.

El mismo Aubrey solamente salía "de reparto". Esto significaba que estaba trabajando para una cosechadora en Tánger que le encargó localizar barcos adecuados en Inglaterra, comprarlos, reacondicionarlos para el trabajo y traérselos. Por esto se le pagaba un salario, una comisión y gastos: más lo que podía obtener del vendedor en la transacción misma de compra del barco. Así le estaba yendo mejor que a la mayoría: porque simplemente no había riesgo. ¿Qué podría impedir que un hombre traficara barcos?

"El problema es, muchacho," me dijo con un dejo de tristeza, "que los gastos son altos y el número de embarcaciones adecuadas es escaso, porque en su mayoría se han vendido. La guerra ya ha terminado hace rato. Pronto tendré que salir en serio con los perdedores a hacer las recorridas... si es que no se me ocurre otro enfoque."

Cuando llegamos a Tánger, el pequeño puerto estaba repleto de embarcaciones. Aubrey fue recibido alegremente por varios tipos ásperos y barbudos: "Bien hecho, Strawberry, uno más para el juego" o "¡Refuerzos a la vista!"

Fuimos hacia la orilla, a las oficinas del sindicato de contrabando. Las calles estaban llenas de relucientes autos estadounidenses, mujeres magníficamente vestidas con un hermoso aire de espía, moros, burros y vendedores. La población estaba tan mezclada que era imposible definirle un origen.

Cualquiera puede abrir un banco en Tánger: es un área de libre circulación de divisas. Se están abriendo nuevos bancos continuamente... había más de ochenta cuando estuve allí. La opulencia de los *nouveau-riche* estaba en todas partes: excepto cuando se trataba de los marroquíes locales; parecían haber sido afectados adversamente por este descenso del capital internacional sobre ellos. En general, los árabes son la clase trabajadora – se les paga el equivalente a 1 libra por mes – y aquellos locales que han tratado de copiar a los chanchulleros internacionales que están tan firmemente arraigados, no parecen haber sido particularmente exitosos.

Sin embargo, había una excepción a esta regla: el "Gerente de Burnous Import-Export Corporation" – a quien llamaré Akram el Burnous –, nuestro anfitrión y jefe de Aubrey.

En las oficinas ricamente amuebladas del Sr. Burnous, el Jefe nos deleitó con café, una conversación culta y el despliegue de una mente ágil.

Era un hombre pequeño y gordo, de algún tipo de extracción árabe, que hablaba varios idiomas y – según me dijo – que se hacía traer sus trajes desde Savile Row porque estaba demasiado ocupado como para ir allí a probarlos. "Un día, tal vez, amigo mío, podré jubilarme. Entonces ..." Sus dedos ostentaban diamantes, su cara redonda brillaba con santa alegría. No me sorprendería si su patrimonio valiese millones, en cualquier moneda que quieras mencionar.

Burnous prometió llevarme en uno de sus barcos como intérprete. También me advirtió que si hubiese algún "incidente debido a tu relación con nosotros, serás tú quien sufrirá... y eso es definitivo". Ahora sabíamos donde estábamos parados. Aubrey lo tanteó a Burnous sobre la cuestión de si se le permitiría operar un bote si compraba uno y lo llevaba a Tánger. El jefe estaba de buen humor. "Ciertamente, por supuesto. Sé que las cosas se están poniendo difíciles en Inglaterra en lo referido al suministro de barcos. Si puedes conseguir unos tres más, entonces podrás venir aquí. Estoy tratando de encargar lanchas nuevas. Ya sabes, estas naves de guerra se están cayendo a pedazos. Las nuevas son muy caras, pero lo peor es el tiempo de entrega. No puedo permitirme esperar seis meses. En verdad, los constructores de barcos son tediosos...."

CAPÍTULO III

Contrabandista

ERA UNA NOCHE sin luna cuando nos frenamos fuera del límite marítimo español de 4.8 kilómetros. Con las luces y los cigarrillos apagados esperamos; realmente los nervios estaban al máximo.

¿Sería este otro caso de tirar £ 20.000 en cigarrillos estadounidenses, una carrera salvaje en la lancha modificada escapando de los *E-boats* españoles construidos en Alemania, u otra noche de bonificación triunfante con una semana de licencia en tierra y gastando dinero a lo loco en las brillantes tiendas de Tánger?

Yo era el único pasajero a bordo. Si bien no me pagaron, y yo no me consideraba un contrabandista en ningún sentido de la palabra, estaba completamente cubierto por el "seguro del contrabandista", con cláusulas compensatorias y asistencia legal gratuita, en caso de que sucediera algo.

Los *Free Traders* descubrieron que los viajes a las Islas Canarias eran los más fáciles, como me explicaron durante los momentos ociosos de nuestros viajes. En Las Palmas, dijeron, era simplemente una cuestión de descargar las cosas y recoger el dinero. Nadie parecía saber dónde estaban los agentes de Aduana; no es que realmente quisiesen saber. Aquí, el inconveniente era que las ganancias resultaban pequeñas: lo que los economistas llaman marginales. Para la tripulación, el pago también era menor; pero de vez en cuando un perezoso recorrido por las Canarias era considerado un descanso esencial para los nervios sobrecargados de los contrabandistas.

Varias recorridas de una noche a través de la ruta habitual entre el norte de África y España me habían enseñado muchas cosas sobre seguridad, reparaciones de motores e incluso navegación. Desde luego, ahora sabía lo bien (y lo mal) que estaban mis nervios.

Diariamente, inmensos cargamentos de los bienes del mundo — nylon, cigarrillos, penicilina, incluso droga — entraban y salían de los cobertizos aduaneros de Tánger. Cualquier persona con los contactos adecuados y el atrevimiento y capital suficiente podría comprar o alquilar un veloz barco que había pertenecido a la marina, registrarlo como un yate y montar un negocio.

Sin embargo, tal como aprendí recientemente, las cosas se habían vuelto un poco más difíciles. La parte oficial del negocio, manejada por "Agentes" (que puede significar cualquier cosa, y en general significa títeres para los jefes actuando bajo pseudónimos), era bastante fácil. Nadie podría evitar que uno saliera navegando del puerto a las diez de la noche, cargado hasta la borda con artículos de lujo que oficialmente ni España ni Francia ni Italia podían permitirse importar.

Por ejemplo: a los contrabandistas, veinte cigarrillos les habrán costado unos seis peniques; estos se venderían sobre el agua "al por mayor" por cualquier cosa que valiese hasta dieciocho peniques, o su equivalente en cualquier moneda que exija el contrabandista. El precio de compra de seis centavos incluye los derechos de aduana (cuando corresponda), los cargos de importación y otros "gastos". Pero todos los cargamentos "en tránsito" están exentos de obligaciones y libres de impuestos. Naturalmente, los documentos de los barcos muestran que su destino es Samoa o cualquier lugar que te apetezca mencionar mientras están siendo falsificados.

Es normal, por supuesto, hacer que el destino parezca plausible; y al regreso contar con documentos que indiquen que la entrega ha sido correctamente realizada... por si llegase a haber investigaciones.

El verdadero obstáculo se encuentra en el hecho de que los informantes pagados por las pandillas rivales – o la policía de varios países – vigilan mucho los cargamentos. Esto significa que, desde el momento en que se carga la nave en Tánger, las autoridades de prevención de al menos tres naciones mediterráneas probablemente hayan sido alertadas, y puede que el barco sea desafiado en algún lugar del mar.

Si esta indagación fuera inevitablemente exitosa, por supuesto, ningún cargamento podría pasar sin ser interceptado. En realidad, durante la "temporada" de otoño, hasta veinte equipos pueden tranquilamente navegar de un lado al otro protegidos por la oscuridad.

¿Cómo se logra esto?

Con frecuencia se me aseguró que las autoridades españolas podían ser "sobornadas". Rechazando esa afirmación injustificada como indigna de una gran nación ibérica, llegamos a la segunda y tercera posibilidad: o bien el Agente con el cual uno trabaja puede volver a sobornar al espía (lo que era el procedimiento general) o el barco puede ser cargado en plena noche, lejos de cualquier lugar habitado. Estas eran verdaderamente cosas de piratería anticuada; y ningún hombre de sangre roja del Reino de Tierra Firme soñaría con considerarse a sí mismo como un ladrón.

Se decía que la Aduana española, como ya se señaló, no aceptaba el límite de 4.8 kilómetros. Mi capitán, en común con la mayoría de sus contemporáneos, lo consideraba extremadamente antideportivo. Varios barcos, dijo, habían sido torpedeados por no detenerse e identificarse cuando fueron encontrados navegando de noche a siete u ocho kilómetros de España. Esto generalmente sucedía cuando estaban sobrecargados y por ende no podían realizar la acción evasiva necesaria. Se creía que aquellos barcos que transportaban cargamentos razonablemente ligeros, con los motores en buen estado, nunca eran capturados.

Un tipo de embarcación "Fairmile[1]" puede alcanzar la velocidad suficiente como para escaparse rápidamente de los *E*-boats, siempre que sea liviana o pueda ser descargada rapidísimo. Por esta razón, a veces los cargamentos eran llevados sobre la cubierta, atados con cuerdas y tapados con lonas, y cada tripulante sabía su rol de emergencia al dedillo. "No es divertido en el momento real de la crisis", me dijo Aubrey, "pero hay algo exquisito acerca del recuerdo. Solamente intenta lanzar 850 cajas de cigarrillos en cuestión de minutos y zigzaguear frenéticamente para escapar de los implacables proyectores españoles si quieres saber qué es estar bien asustado."

En esta noche en particular, el capitán se salió con la suya. A las 3 a.m. en punto, un pequeño bote pesquero español surgió de la oscuridad. Las luces de señal parpadearon con cautela. Todo estaba bien. Esto no era un "conflicto" sino un transbordo: mucho más fácil, aunque no tan bien pagado. Legalmente, según nuestra asesoría, estábamos completamente protegidos, ya que operábamos fuera del límite acordado internacionalmente.

El agente español, que parecía una versión cinematográfica de un exitoso hombre de negocios norteamericano, nos abordó. El capitán estadounidense de nuestra tripulación (quien dijo que se había "olvidado" de regresar a su unidad del Ejército cuando estaba emplazada en Italia) sacó medio billete de su bolsillo; el agente sacó la otra mitad: encajaban

[1] Fairmile Marine fue un astillero británico fundado en 1939.

y los números eran los mismos. Todos sonreímos. Aquí no había trampa... a menos que...

Un momento horrible ocurrió cuando un avión ligero equipado con reflectores nos zumbó alrededor. Un guardacostas. Las dos facciones en nuestra embarcación se miraron, sospechándose mutuamente. Pero no llevábamos luces, y el pescador español tampoco. El "enemigo", ignorante y desatento ante nuestros insultos blasfemos, se deslizó de regreso hacia la costa de España.

Bajamos y conté el dinero: sesenta y seis mil dólares en billetes estadounidenses. Sobre la cubierta, la tripulación – despreocupada y eficiente a través de meses de experiencia – transfirió las cajas (casi 9,000 cartones de 200 cigarrillos cada uno) a los botes de remos del barco español.

Dentro de un tiempo sorprendentemente corto, tres débiles silbidos nos dijeron que el trabajo estaba hecho.

A la tarde siguiente, habiendo tomado un gran desvío que nos hizo regresar desde una dirección completamente diferente, estábamos nuevamente en Tánger.

Un completo desconocido me detuvo en la calle esa noche y murmuró en un amplio acento escocés que escuchó que yo había estado con los sombreros azules en la frontera; yo sabía que probablemente no había ni un alma en la fraternidad del contrabando que no hubiera oído hablar de la exitosa operación.

Hubo un tiempo en el que la entrada de prepo de los gángsters norteamericanos sacó a relucir un costado particularmente feo de la vida en Tánger. Al principio había habido algo de la antigua gracia de los caballeros aventureros acerca de la comunidad contrabandista. Luego, de la nada, los italoamericanos en sus costosos botes iniciaron un régimen de secuestro y apropiación que obligó a los operadores más pequeños a retirarse por completo del juego. La pérdida de un solo cargamento, si uno se está abriendo camino hacia la empinada escalera de las ganancias reinvertidas, puede significar la ruina financiera total.

Una carga perdida y puede que tengan que pasar varios meses antes de lograr verdaderos réditos económicos. Perseguido por la aduana italiana no lejos de Génova, una vez nuestro capitán arrojó por la borda más de veinte mil libras en cigarrillos y penicilina. Para compensar estas pérdidas, tuvo que reinvertir cada centavo de las ganancias de los seis viajes a Canarias.

Las mayores figuras detrás del contrabando en Tánger son, como he dicho, anónimas. En algunos casos esto significa que no se puede demostrar su conexión con el contrabando. Su organización se compone de una serie de enlaces rotos, y nadie sabe más de lo que le conviene.

Como regla general, los capitanes escogen su propia tripulación y dan sus órdenes operativas finales tres o cuatro horas antes del comienzo de la carga. Cuando la tripulación se presenta, las mercancías ya están en el muelle esperando la revisión y estibación, con los documentos de envío en orden; o, al menos, impermeables.

La ambición de cada capitán es convertirse en su propio jefe, tener su propio barco y, finalmente, llevar adelante una vida menos angustiosa.

Sin embargo, la información que recabé en Tánger indicaba que solo uno de cada cinco de los aventureros inexpertos que simplemente compraban un bote y zarpaban rumbo al paraíso de los contrabandistas tenía verdadero éxito. Los demás se ahogaban, desaparecían, morían en peleas de pandillas cuando los gángsters estadounidenses todavía estaban allí, eran capturados por la Aduana de un país u otro... o perdían rápidamente sus cargamentos y tenían que volver a empezar desde el principio. Se necesita mucha autodisciplina y suerte para ser un contrabandista exitoso. El efecto que las grandes cantidades de dinero fácil tenían en la mayoría de los contrabandistas que sí tuvieron suerte era prácticamente desquiciante; eran como hombres de otro mundo.

Nuestro propio capitán era uno que una vez había sacado su propio bote y perdido el cargamento en una entrega sobrecargada, y ahora estaba trabajando para el Jefe. Se había enrolado en Villefranche-sur-Mer, en la Riviera francesa, como un marinero de cubierta en una embarcación de tripulación británica. Se rumoreaba que había ascendido hasta llegar a ser el capitán de uno de esos barcos, acaso míticos, de los cuales se decía que habían sido tripulados por una banda de ex-Wrens británicos. En cualquier caso, él había hecho docenas de viajes, había estado dentro de una cárcel española y su cargamento había sido confiscado varias veces. Ahora estaba subiendo la fatigosa escalera a "todo o nada en absoluto".

Había recabado mi información, pero me habría demorado un poco más en la fabulosa ciudad internacional si no hubiera estado anhelante de moverme hacia Oriente; lo que me hizo partir a toda prisa rumbo a Gibraltar y lejos de todo fue el rumor de que el Capitán había sido contratado para llevar un cargamento de drogas a Génova.

Como la mayoría de las personas, me opongo al tráfico de drogas en casi todas las circunstancias sobre las que puedo pensar. Para ser justos con los contrabandistas, hay que decir que casi ninguno de ellos manejaría la droga.

Mientras escribo esto, mis pensamientos vagan hacia el silencioso y lujoso azul de una noche mediterránea sin luna. ¿Cuántos capitanes que conozco – y sus tripulaciones – están escudriñando la oscuridad, con los motores apagados, esperando... ¿acaso la ráfaga del fuego de ametralladoras?

¿O ya están todos en la cárcel?

Gibraltar fue la salida más rápida. Sin embargo, incluso aquí había inquietud y una sensación de anticlímax. Yo había tenido la esperanza de en algún momento viajar a Arabia a través del Marruecos francés y Libia. Desviado por problemas con la visa, decidí irme a Marsella para tomar un barco de *Messageries* hacia Alejandría.

PANFLETO DE LOS CONTRABANDISTAS

Este documento, mejor que cualquier otra cosa que yo pudiera escribir, presenta la imagen de los contrabandistas mediterráneos y sus formas. Fue preparado por un grupo de "operadores" que habían decidido regresar a Europa en un intento de comprar su propio barco y así obtener los enormes beneficios de la ruta de Tánger:

Comercio mediterráneo – Tánger a España

Resumen. Objeto de la Proposición: cargamentos de cigarrillos estadounidenses transportados por mar desde Tánger a España.

Beneficios que se esperan. Sobre la base de los "recorridos" concretos que se encuentran actualmente operativos existen: los cargamentos privados (propiedad de los dueños de los barcos) que dan alrededor de £ 15.000 por viaje, pagados en dólares estadounidenses, y los transportados en nombre de asociaciones que ya trabajan allí, que obtienen más de £ 2.000 por viaje. Calculado sobre una base de 1.000 cajas de cigarrillos por carga.

La culpabilidad en el derecho británico. Nula. No se infringe la ley británica. Tampoco existe ninguna violación del derecho internacional en el caso de que los cargamentos se envíen fuera del límite territorial de tres millas que limita con España. Implicaciones en Tánger: ninguna. Está permitido importar cigarrillos a Tánger y exportarlos vía marítima *a través* de transporte privado.

Inversión necesaria. Para comprar una nave – que previamente perteneció a la marina – adecuada que alcance una velocidad de más de treinta nudos: alrededor de £ 2.500. Como alternativa, para comprar en este país un MFV o HDML adecuado y llevarlo a Tánger: £ 1.500. Algunos MFV pueden estar disponibles por aproximadamente £ 1.000. Comprar una participación en un barco existente (que ahora está equipado para operaciones) en Inglaterra: alrededor de £ 1.000. Esta última cifra representa una participación equivalente a alrededor de un tercio de las ganancias.

Más detalles se encontrarán a continuación:

Breve resumen de la posición e implicaciones hasta la fecha

Existe un mercado muy grande para los cigarrillos de fabricación estadounidense en Francia, España, las Islas Canarias e Italia. Las restricciones monetarias – escasez de dólares – hacen que esta demanda sea insaciable para los métodos ortodoxos. La guerra reciente ha desarrollado entre la gente local un gusto por los cigarrillos estadounidenses: y, además, sus propias marcas (monopolios del gobierno) son en la mayoría de los casos muy inferiores.

También existe un gran mercado para extranjeros que viajan por, y residen en, tierras mediterráneas. En la actualidad, legalmente solo se permiten las importaciones de prueba en los territorios mencionados anteriormente.

Tánger es una notable excepción a esta prohibición de importación: la Zona Internacional en la costa marroquí, justo al otro lado del estrecho de España y Gibraltar. Esta es un área de libre comercio: es decir que los bienes pueden importarse a Tánger y ser pagados en los EE. UU. y desde allí ser exportados a cualquier país por casi cualquier medio.

Modus operandi
(1) Tipos de operación

Deben distinguirse dos tipos principales de comercio: entregas sincronizadas que son organizadas por Agentes de Tánger (asociaciones), quienes entregan a los propietarios de yates sus cargamentos e instrucciones en Tánger y hacen arreglos para que los buques pesqueros reciban a la embarcación fuera del límite de tres millas; y en segundo lugar, los navegantes independientes que compran sus propios cargamentos y hacen sus propios arreglos para la entrega y venta. Este informe se ocupa principalmente del primer tipo de operación.

(2) Operaciones típicas

En una transacción típica, el procedimiento es generalmente como sigue. El capitán o propietario del barco llega a Tánger. Es esencial que sea conocido y confiable a nivel local. Él hace contacto con las asociaciones a través de uno u otro de sus agentes. Este agente organiza un cargamento. Cuando el Agente se ha convencido de que el barco es del tipo que utiliza su asociación (tienen caprichos inexplicables sobre este tipo de cosas, como por ejemplo asegurarse de que ciertos tipos de motores estén instalados, y así sucesivamente), el cargamento es ordenado por el Agente y entregado a bordo del barco.

La carga puede ser grande o pequeña. En el caso de un barco nuevo, generalmente los Agentes envían apenas unos pocos cientos de cajas y también un representante a bordo, solamente para ver cómo se "acomodan" las cosas.

Todo está muy bien organizado. El barco zarpa protegido por la oscuridad, en noches sin luna, para acudir a su cita al otro lado. El capitán ha recibido la mitad de sus gastos de transporte por adelantado y recibe el saldo en la entrega, en efectivo.

Se le paga US$ 6 o más por caja, o un total de £ 2.000. Fuera de esto, a la tripulación de tres se les paga £ 20 por semana en promedio y una bonificación de más de £ 10 por cada carga entregada. El combustible cuesta 16 peniques por galón (aceite diesel), y se utilizan alrededor de 30 galones en el cruce.

Frecuencia de las operaciones

Es posible realizar de tres a cuatro cruces por semana. Por entregas a las Canarias, Italia, etc., se paga una tarifa más alta. Es posible asegurar contra contratiempos, fallas en el motor o pérdida del cargamento o barco.

Personal

El equipo actual que propone esta operación consta de lo siguiente: un capitán, con un historial de dos años de entregas exitosas sin contratiempos, y tres asistentes, uno de los cuales es experto en navegación, otro en motores y el tercero como operario general además de navegador. Todo el personal puede doblar como marineros de cubierta y timoneros.

Este equipo se conoce como El Grupo. Proponen comenzar tan pronto como sea humanamente posible, y para ello necesitan un barco. Tienen toda la experiencia y las habilidades, pero carecen de capital.

El Grupo propone que un inversionista o un grupo de inversionistas compren un barco del tipo adecuado, como contribución, y que lo registren como un yate. El Grupo se compromete a navegar el barco hacia Tánger, a hacer todos los arreglos y comenzar las operaciones. Las ganancias serán divididas, ya sea de la siguiente manera o después de la consulta. No hay que pagar salarios: las ganancias de todo el proyecto son repartidas. El barco ha de estar a nombre de los propietarios o de un candidato o del Grupo. Esto es irrelevante, pero el Grupo desea excluir la posibilidad de sospecha de que ellos mismos se desharán de la embarcación; o de lo contrario, que se aprovecharán de la posesión efectiva de la misma. Las ganancias se calcularán como ganancias netas, y el 75% para él o los inversores, y el 25% restante para el Grupo. Se creará un fondo para la compra de un barco adicional.

Plan concreto de operaciones

Inicialmente, hasta que haya suficiente capital líquido disponible para que el Grupo maneje sus propios cargamentos, que son de su propiedad, el barco transportará cigarrillos para una de las asociaciones, como un flete. Esto será alrededor de 1,000 cajas a £ 2 por caja de 10,000 cigarrillos, o un retorno bruto de £ 2.000 por viaje. Calculando cuatro viajes a la semana, las ganancias resultarán unas £ 8.000 por semana, menos combustible, etc. Sin embargo, a las pocas semanas el Grupo les dijo a los agentes de la asociación que la capacidad disponible para el flete había disminuido; y que se transportarían menos fletes y más cargamentos de los cigarrillos del Grupo, comprados directamente a los importadores de Tánger y vendidos a través de los Agentes del Grupo en España.

Basándonos en las cifras anteriores, se verá que una carga privada (es decir, propiedad del Grupo) que tiene un valor de hasta £ 15.000, las ganancias brutas podrían ser tan altas como £ 15.000 por semana. Los cigarrillos vendidos de esta manera son, por lo tanto, una inversión mucho mejor que la tarifa fija de envío de £ 2 por caja.

Este es un paralelo exacto de las operaciones que han llevado a cabo las tripulaciones británicas y estadounidenses desde 1946 hasta hoy, y el panorama general ha cambiado poco desde entonces.

Toda la Riviera y la costa del norte de África, desde Casablanca hasta Villefranche, están salpicadas de ciudadanos británicos y estadounidenses (y otros) jubilados, que se han retirado del contrabandismo después de ganar £ 100.000 o más; esta es una de las razones de la continua demanda de buenos barcos y tripulaciones confiables. Las "jubilaciones" son muy comunes. Siendo simples hombres de negocios, las asociaciones no pueden forzar a los equipos de contrabando legalmente o de otra manera después de que hayan hecho su "fortuna".

Urgencia de la acción inmediata

Aparte del deseo natural de comenzar pronto con las operaciones, para que las ganancias lleguen lo antes posible, hay otras razones para la velocidad. Entre ellas se puede mencionar que de septiembre a octubre son los momentos en que el contrabando siempre recibe un impulso adicional en el Mediterráneo. Es necesario hacer arreglos con los Agentes para que sepan el volumen del cargamento que uno está proporcionando; y, de hecho, que nuestro Grupo estará efectivamente en funcionamiento. En segundo lugar, si queremos participar en el barco que de hecho está en proceso de ser comprado ahora, debemos actuar con rapidez. Esto limitará nuestra inversión y nos pondrá en funcionamiento lo antes posible. Lo más importante es que hay rumores de que acaso haya pronto un movimiento para buscar que el gobierno de los Estados Unidos limite las exportaciones de cigarrillos a Tánger. Si esto llegase a pasar, todo el comercio de contrabando sería eliminado de un plumazo; así que debemos trabajar rápido. Puede que solo tengamos unos tres meses para aprovechar la situación.

Nota

El Grupo está preparado para negociar sobre la base de este Informe. Se enfatiza que el Grupo no busca que se les dé capital líquido. Están preparados para llevar a cualquier inversor(es) a la zona en Tánger o España, para convencerlos de que se trata de un negocio serio y viable.

CAPÍTULO IV

Hacia el este rumbo a Egipto

La calle era ancha, la brigada contra incendios marchaba gloriosamente, indudablemente con las mejores intenciones. Marsella yacía bañada por el sol acuoso. Un día entero para esperar el barco a Egipto; Tánger parecía estar a un millón de kilómetros de distancia. Me senté a la sombra en la terraza de un café; y el camarero me trajo... Zimba Kola. Le pregunté por qué. "Todos los españoles beben Zimba, *m'sieu*." Así que bebí.

Ahora, aquí había un toque de misterio. ¿Fue esta una contraseña? ¿Hablé francés como un español? ¿O fue el hombre solo un completo bobo que dijo lo primero que le vino a la cabeza? Entró una pareja de aspecto muy francés, y mantuvo una animada discusión en un acento de lo más parisino; miré tensamente. Sí, definitivamente les estaban sirviendo Zimba. Imperiosamente, pidieron café expreso. El camarero se retiró frunciendo el ceño.

Así que esto era Marsella. Muy bien; la investigaría más a fondo. Yo sería el misterioso español, aquí debido a importantes negocios. Jugaría el juego hasta el final. Incluso grité muy fuerte ¡caramba! El camarero se apresuró, puliendo un vaso de la manera aprobada. Por un momento me sentí un poco tonto, pero la postura se estaba afirmando. "Gracias", le dije en español, y arrojé sobre la mesa un billete de cincuenta francos.

"Octubre en Marsella", me dije, y partí con paso desgarbado. Mientras caminaba por los barrios más turbios, tratando de percibir contactos con cualquier persona o cosa interesante, comencé a darme cuenta de que acaso *yo* era el objeto más siniestro a la vista.

Nadie me ofreció un porro, ni siquiera una carrera hacia Tánger. Saludé a árabes de aspecto extraño, los cuales me devolvían la sonrisa sin decir una palabra acerca de los esclavos blancos. Es cierto, un joven bastante llamativo me acosó por mis dólares, pero no tenía ni uno para cambiar a la tarifa muy favorable que ofrecía.

Pasé la mayor parte del día buscando pescadores fotogénicos, y nuevamente inspeccioné el inmenso Mercedes de Hitler que ya había visto en Inglaterra.

"Marsella", dijo un inglés que vivía en el mismo pequeño hotel cerca del mar, "ha sido descrita como un lugar cuya evasión es en sí misma un logro."

Le dije que todo dependía de lo que uno quisiese de la vida. Después de eso, el lugar empezó a realmente gustarme un poco más. Aquí, en cualquier caso, se puede comprar cualquier cantidad de fruta de primerísima clase a precios bajos, sentarse o caminar bajo el sol, hacer un viaje en botes pintados al famoso Château d'If... y recordar que este era el umbral de Oriente. Aquí no encontré ninguna copia de esos periódicos que les gusta alimentar a sus lectores con cuentos de la "Marsella siniestra". Mientras observaba una línea de infantería aparentemente interminable que desfilaba de camino a Indochina, pensé en estos hombres y en su destino. Parecía extraño que el vicio y el crimen tuvieran una mayor fascinación para muchos lectores que la historia violentamente forjada en el lejano Oriente.

De alguna manera el tiempo pasó, y pude abordar el barco; de todas formas no estaba aquí para estudiar a Francia, e incluso el período a bordo podría ser poco más que un tiempo para pensar en los problemas de cómo llegar a La Meca, realizar la peregrinación, obtener fotografías... y salir.

Cuando llegué a los muelles y abrí mis maletas para el funcionario de la aduana, este señaló dramáticamente mi equipaje despachado. En él no había más que varios paquetes de papel fotográfico para ampliación ("No abrir excepto en la oscuridad") y la ampolla del revelador, que para él se veía como algo decididamente siniestro.

Me informaron que no abrirían ninguna de estas cosas si pagaba doscientos francos por cada una. La lógica de eso me eludía, y me negué.

Un portero fue enviado por el exquisitamente uniformado *douanier* (quien permaneció apartado mientras mi débil mente estaba lidiando con los detalles) para explicarme que, por consiguiente, mi equipaje de mano quedaría – como un favor – exento de búsqueda.

"Al mismo tiempo, *m'sieu*, para ahorrarse una demora innecesaria en la apertura de los *otros* artículos, sería mejor pagar veinticinco francos por cada uno: eso será... doscientos francos."

Esto me venció; pagué. Las bolsas fueron marcadas con tiza: un *douanier* es de palabra. Cuando el funcionario desapareció rumbo al bar más cercano, los porteros, como si fueran un solo hombre, guiñaron un ojo y sonrieron con afecto levantando un vaso imaginario.

Después de eso maldije mi suerte por no tener conmigo un artículo de contrabando imponible. Resultó mejor no tenerlo, ya que la aduana egipcia me trató con indignante aversión cuando finalmente llegué allí.

Abordé el barco con relativa facilidad; de hecho, con demasiada facilidad: sin pasaporte ni boleto, los cuales había dejado en el cobertizo aduanero durante la confusión sucedida allí. Ahora descubrí que todos mis intentos de regresar a la orilla se toparon con la sospecha más grave de todos a los que me acerqué para intentar convencer a los marineros en las pasarelas de que me dejaran pasar.

Puede que los barcos de esta línea no tengan la mejor comida posible a bordo, pero nadie puede negar que los accesorios son lujosos. Como de costumbre, la deslumbrante figura que luce galón y el más prolijo de los uniformes es apenas un funcionario menor... no el capitán.

Literalmente, cientos de porteadores – según lo que pude ver, todos árabes – cargaban barriles de petróleo con la ayuda de un polipasto en nuestras bodegas.

Uno, el "Capitán de los porteadores", ahora demasiado viejo para el trabajo activo, se reclinó en una pila de sacos junto al muelle, reverentemente colocada allí por un discípulo. El patriarcado oriental parecía extrañamente fuera de lugar; y sin embargo, ¿lo estaba? Había algo tan monótonamente hipnótico en el canto rítmico de los pequeños y ágiles hombres, tan interminablemente recurrentes eran las formas de los barriles de tamaño estándar, vistos en todas sus formas y combinaciones, allí en el cabestrillo, tan brillantes y plateados bajo la verdadera luz mediterránea, que mi mente parecía cansarse de tomar fotografías. Árabes. Barriles de petróleo. Petróleo. Porteadores. La antigua Bagdad. El panorama de los años – nunca lejos de la mente oriental – parecía atravesar mi cerebro. Apoyado allí sobre la baranda, con pensamientos acerca de la lámpara de Aladino en este siglo veinte del nuevo Oriente revitalizado por el petróleo, me dejé caer en ese estado mental que supongo que los psicólogos occidentales llamarían un escapismo autosugestivo o algo así.

"El problema con ustedes", me dijo una vez un amigo profesor de inglés, "es que no saben en qué siglo están viviendo. Para ti, Saladino o Suleiman el Magnífico son tan reales como cualquier otro humano viviente hoy; y puedo probarlo." Continuó diciéndome, reflexioné, que la mayoría de los idiomas orientales solo tenían un discurso directo:

"'Estoy aquí', dijo Alejandro", es un ejemplo. No es posible decir: "Alejandro dijo que estaba allí." Esto, según el profesor, se debía a que el orador quería que los eventos referidos estuvieran lo más cerca posible: no quería que parecieran tan viejos; le gustaba sentir que acaban de ocurrir o que todavía estaban sucediendo.

Cuando zarpamos, pasé al principio gran parte de mi tiempo viendo a los victoriosos luchadores y halterófilos egipcios que regresaban a casa desde La Haya, ejercitando en la cubierta. A menudo veía a su mánager – quien había sido campeón del mundo – entrenándolos. Era un grupo extraordinariamente heterogéneo, físicamente hablando: algunos con cabezas característicamente grandes – casi negroides – y el pelo rizado del Bajo Egipto; otros, de rostro pequeño, arrugado y delicado como el árabe; algunos del tipo mediterráneo común que los europeos denominan alpinos o latinos, y levantinos en otros lugares. Esto era algo que tenía que ver con otro problema que me había propuesto analizar durante mi viaje: ¿en qué medida los pueblos de Oriente Medio pueden dividirse en naciones distintas? ¿Es su patriotismo de la misma naturaleza que el nacionalismo occidental? Teniendo en cuenta el hecho de que la mayoría de estos pueblos no tienen una tradición de estado independiente que se extienda más allá de dos o tres décadas, ¿son siquiera naciones, en el sentido general del término?

La respuesta a mis primeras cavilaciones, mientras había observado los barriles de petróleo, vino antes que la cuestión de la nacionalidad. En el comedor me senté al lado de un sacerdote de mejillas rosadas, que rumbeaba al Congo, durante el complicado itinerario. Le hablaba sin cesar a un malhumorado personaje de barba negra sentado a mi otro flanco que, cuando pronunciaba más de un monosílabo, parecía decir siempre: "¡Cuando era alcalde de Ranigette!..." Cambié de lugar con él. Esto me enfrentó cara a cara con la figura alta de un regio Sheikh que nunca habló en absoluto. Como yo, le pasó su vino al sacerdote; así que lo tomé por musulmán.

Las dieciocho horas antes de que nos pusiéramos en marcha fue un período de continuo estruendo y gritos. Aullando las monótonas exclamaciones de su labor, los estibadores árabes traían cada vez más barriles de petróleo al muelle con una velocidad y destreza que eran casi aterradoras. Presididos por el anciano patriarca cubierto por un manto con capucha, parecían ajenos a cualquier otra cosa. Un gesto de la cabeza de su jefe, el mínimo de los gestos, y los equipos – que juntos sumaban unos doscientos – respondían con total coordinación.

Aproximadamente cada dos horas, cuando tenían un breve descanso, uno u otro le llevaba una pipa de agua y un té de menta a su líder. Todos besaban primero su mano y luego la propia.

Esta pequeña escena me divirtió, y pensé que podría hacer de ella una pequeña serie fotográfica. Había decidido precipitadamente ir a La Meca, pero desde que dejé Inglaterra no había tenido muchas oportunidades de familiarizarme con la cámara de acción rápida que había elegido para el trabajo.

Observé las ceremonias y actividades de los trabajadores; decidí que revelaría mis rollos fotográficos en el barco, de modo que si los resultados no eran lo suficientemente buenos siempre podría comprar otra cámara en El Cairo si esta resultaba defectuosa o inadecuada de alguna manera; pensamiento inocente. Pero ya no estábamos en Inglaterra. Hay una sensibilidad en las tierras mediterráneas que alguien del Reino Unido, acostumbrado a las formas fáciles y gratuitas, tiene que reaprender.

Había ya tomado una veintena de fotos en rápida sucesión cuando sentí una mano sobre mi brazo. Un francés burgués de boina azul se paró a mi lado. “Hay tantas cosas mejores para fotografiar en Francia", dijo, "un hombre de tu obvio refinamiento podría capturar la belleza en vez de esos sórdidos trabajadores árabes. No son de Francia: trabajan aquí solo por temporadas, como los vendedores de alfombras." No pareció del todo convencido cuando intenté explicar que, por el contrario, me resultaba agradable ver que esta pequeña unidad social mantuviese aquí sus propias costumbres. Siendo yo de alguna manera impaciente por naturaleza, su encogimiento de hombros me molestaba. "En cualquier caso, el que vengan acá a vivir y disfrutar sus costumbres ¿no es algo que los franceses les permiten? Y en cuanto a tu comentario sobre mi supuesto refinamiento... Nunca te he visto antes, y ni siquiera he hablado contigo, así que no tienes idea de cuáles son mis logros intelectuales u otros, como tampoco la tengo de los tuyos. Y estoy contento, *m'sieu*, de ignorar todo sobre ti."

A la mañana siguiente, durante el desayuno, este hombre me señaló y casi gritando les dijo a sus compatriotas que yo era un anarquista peligroso o algo así.

Dos días tendrían que pasar antes de que me volviera a acostumbrar nuevamente a la mentalidad oriental. Mientras meditaba apoyado en la baranda, mirando hacia el mar, una voz se dirigió a mí desde atrás: "La paz sea contigo", en árabe. "*Alaikum as-Salam*" ("contigo sea la paz") dije.

Como algo salido de una historia medieval, mi vecino árabe en las comidas se inclinó y habló con dignidad. "Portas un nombre famoso, hermano: lo he visto en la lista de pasajeros. Yo también soy del clan del Profeta." Él era de la vieja escuela. "Déjame contarte una historia que nos presentará mutuamente."

"Hace trece siglos nuestro antepasado Muhammad, hijo de Abdullah, del poderoso Clan Quresh, eliminó la infidelidad y el politeísmo de la Meca pagana. En su lugar, como sabes, instaló el monoteísmo y la adoración del único Dios verdadero." Hice una reverencia. En círculos musulmanes es habitual comenzar desde un comienzo conocido, desarrollando tu tema desde la historia remota hasta la actualidad, si es necesario.

"Los infieles más los romanos, griegos y egipcios, humildemente se entregaron a la espada de la verdad y la predicación de la fe beduina. El poder del Islam se extendió hacia el oeste liderado por el conquistador Tarik, cuyo nombre aún se usa para denominar a Gibraltar (*Gebel-Tarik*). Pariente de Muhammad, el poderoso Tarik llegó a Marruecos: en aquel entonces el confín occidental. Sumergiendo su caballo en las espumosas olas del Atlántico, blandió su espada en alto. 'Oh Alá, en Tu Nombre, si hay tierra más allá de este mar la conquistaré, dando testimonio de Tu Unidad y Omnipotencia.'"

Había fuego en los ojos del anciano, su mente visualizando la escena como si apenas hubiera tenido lugar ayer.

"¡Soy descendiente directo de ese hombre! Tu ancestro, el emperador Musa Kazim el Hashimi, de la casa del Profeta, fue conducido hacia el este y su progenie se estableció en Ajam: las tierras de Persia y luego Afganistán, donde se convirtieron en señores y guerreros. La infidelidad reinó en Bagdad, pero aun así los ejércitos musulmanes se aventuraron en España, derrocando a los vándalos, al *isbanyol* y al *kastiliyin*. En las imponentes cordilleras de los Pirineos, el Sayed, mi antepasado, se paró delante de sus héroes. Miraron para abajo desde las áridas rocas hacia los hermosos y frondosos campos verdes de Francia. '¡Vamos, a la conquista del mundo por el Islam!', gritaron así los capitanes. El Sayed hizo girar a su caballo y se alejó a paso lento. 'No. Nos quedaremos en España. Francia es demasiado verde', dijo. 'Mis hombres se degenerarían en ese clima suave: demasiado verde, demasiado verde', dijo. Así fue como le dimos tiempo a Charles Martel para reunir sus fuerzas; y al final los moros fueron barridos de España.

"Mi familia regresó. Eran uno de los pocos que habían escapado de la Inquisición. Hoy me llaman libio. Vivo en una franja de tierra entre el Sahara y el mar Mediterráneo. Mira cómo estamos dispersos, nosotros la progenie de los señores de Arabia: la nobleza ya no existe..."

Yo descubriría que esta mentalidad, la fusión de muchas ideas, es típica de los musulmanes de hoy. En las palabras de ese hombre estaban todos los elementos en los cuales se cree firmemente en el Medio Oriente: la invencibilidad de las armas musulmanas; reverencia por la familia del Profeta y la falta de partidismo *nacional* – una de las claves de mi problema con la nacionalidad –, según el modelo occidental. Puede que seas árabe o no árabe; un bagdadí o un hombre de Bujara: pero eres un iraquí o incluso un egipcio solamente en un sentido secundario.

Saadi, el más grande poeta persa, reflejó esto en sus escritos. "*Harmulkmulk-i-ma'st, ki mulk-i-Khuda-i-ma'st*" ("Cada país, que es el país de Dios, es mi tierra natal"). Y esto, de mil maneras – yo descubriría – se origina en las bases esencialmente islámicas del nacionalismo en el Medio Oriente. El nacionalismo occidental y la teoría política, tal como la había visto, surgieron de Sócrates y Platón, de Marx y Rousseau, del racionalismo aliado al afecto natural de alguien cuya alma no está tan muerta como para no reconocer a su tierra natal. Muhammad, por otro lado, siempre se esforzó por ampliar el círculo del Islam, para incluir a los creyentes como una nación en lugar de una comunidad religiosa en el sentido teológico. Uno lee en las historias de la expansión islámica acerca de la "conquista de los incrédulos" y no de la conquista de Persia o India. Esto, a mí, me ayudó a comprender una y otra vez la razón por la cual el Islam no ha perdido su control sobre las personas en la forma y en la medida en que otras religiones han perdido partidarios: el

Islam nunca se ha propuesto ser una religión, en el mismo sentido que estos otros credos.

Fue mediante el reconocimiento de este hecho que Jamaluddin El-Afghani se convirtió, en el siglo XIX, en el apóstol de la liberación y el patriotismo de Oriente Medio... mientras repudiaba al nacionalismo. Hoy en día casi todas las partes o grupos, desde Marruecos hasta Java, lo reivindican como su inspiración más allá de lo diferentes que sean sus objetivos. Más adelante hablaré de él y de su trabajo, según vayan apareciendo en la historia sus sucesores espirituales. Se ha escrito una gran cantidad de tonterías sobre el así llamado "Movimiento panislámico"; en su mayoría han sido orientalistas que deberían tener mejor juicio. Este es un hecho que mis viajes en Egipto y más lejos demostraron ampliamente.

Las banderas volaban, las lanchas con mil banderines ondeantes navegaban enloquecidas alrededor del barco mientras decenas de miles de seguidores remunerados – y no, también – de los atletas egipcios recibían a sus héroes en el puerto de Alejandría. Hacían una reverencia tras otra, vestidos especialmente con sus chándales y gafas de sol. A cada minuto la multitud se volvía más numerosa y salvaje; la música sonaba a un ritmo frenético que me hacía sentir – supongo que injusta mas inevitablemente – que solo debía ser mantenida en ese tono porque los atletas estaban "entonados" por el hachís. En medio de guirnaldas y ramos de flores, a través de tres filas de pashas y desafiando las baterías de las cámaras, el equipo pisó tierra y luego fue conducido al banquete que los esperaba.

Era la mañana, y el tren hacia El Cairo recién saldría en unas horas. Arribamos; y teníamos que matar tiempo antes de la salida del desierto Express; acaso cuanto menos diga de Alejandría, mejor. Según se informa, el Khedive Muhammad Ali dijo: "Ahora Egipto es parte de Europa." A primera vista no parecía realmente ser parte de Oriente. El calor, por supuesto, estaba allí: también las moscas y el habitual proletariado a la deriva con sus patéticas imitaciones de atuendos occidentales, luciendo completamente desanimado... que lo está y así debería ser. Demasiados orientales indiferentes parecían haberse convertido en malas réplicas de los europeos. El típico *galabiyah* largo o camisón, que se considera el vestido fellahin estándar, es elegante en comparación con un par de overoles manchados y un salacot de décima mano. Estos personajes quedaban más en evidencia en las calles. Los puestos llamativos vendían a precios altísimos las cosas que uno tiraría en Inglaterra. Las amplias y extensas avenidas, construidas con una completa falta de gusto, formaban junglas de concreto donde el calor luchaba con el polvo de cemento por ver quién era la plaga indígena número uno.

Lamentablemente, tomé un refresco americano en el barroco bar del hotel más grande, donde los hombres de la ciudad, luciendo feces, adornaban sus bastones bañados de oro y los zapatos de charol (qué buen gusto) con pañuelos de seda. Un policía, lo suficientemente cortés, me saludó y me pidió una propina. Le di cinco piastras – un chelín – y pareció contento.

Hay algunas buenas playas en Alejandría, donde en verano va la élite de la capital para divertirse. Enormes automóviles americanos ronronean por las calles. Un poco fuera del centro de la ciudad, Su Majestad el Rey Ahmed Zog, monarca de todos los albaneses, vivía en un esplendor solitario, servido solamente por un gabinete completo que lo siguió hasta esta inmensa villa – del estilo de la Riviera – en el exilio. Una de mis primeras impresiones fue lo hondo que caló el árabe como el idioma del país. Sin embargo, siempre es interesante ver qué puede hacer la gente con las cosas: y lo que los egipcios han hecho con el árabe se puede observar casi como un ejemplo de ingenio humano.

No es exagerado decir que si uno hablase el árabe literario, que es la lengua cotidiana de la península arábiga, apenas un alma en Alejandría lo entendería. Al poco tiempo, incluso en El Cairo, tuve que buscar graduados en literatura de la Universidad de Al-Azhar con quienes practicar el árabe real.

A pesar del hecho de que se sienten los líderes naturales del mundo árabe, a menudo los egipcios se desahogan con sus amigos acerca de lo poco árabes que son. Sus detractores, por supuesto, los llaman africanos y eso no les gusta ni un poco. Muchos egipcios sienten que de alguna manera misteriosa la mano del imperialismo debe haber causado todos los males o desventajas que sufren.

A esta historia los egipcios la cuentan con gusto, y parecen inmunes a sus implicaciones para con ellos mismos. Se dice que un funcionario consular británico estaba muy alarmado por el avance que el francés estaba logrando en la tierra del Nilo. Lord Curzon, mientras pasaba por El Cairo, fue abordado por este funcionario. La comunidad británica, dijo, suplicó la ayuda de Su Señorío para popularizar el inglés. A Curzon se le atribuye haber dado una respuesta típica. "¡El francés es suficientemente bueno para los egipcios!"

Alejandría, pensé, no era un lugar para mí. El Cairo era la puerta de entrada a Arabia...

CAPÍTULO V

Nuevos caballeros árabes

HACE MIL AÑOS y más, todas las noches el califa Harún-el-Rashid acechaba disfrazado las calles del Bagdad imperial buscando averiguar el verdadero estado de los asuntos entre su gente. Los lectores de *Las mil y una noches* recordarán que de esta manera se descubrieron muchos complots contra el trono, los súbditos merecedores fueron recompensados y los desleales correctamente castigados, como corresponde a una historia equilibrada.

Uno de los inconvenientes que el viajero y aventurero sufre cuando también escribe es que este *sine qua non* de la ficción persuasiva a menudo está ausente: o bien llegas a la escena final del último acto o tropiezas con algo en el medio, y probablemente te salgan úlceras por preguntarte cómo terminará todo el asunto.

De todos los lugares, El Cairo le da a uno esa sensación de algo completo (como la arabización del país hace diez siglos) o que está en el crisol... como la Liga árabe, la occidentalización o el destierro del analfabetismo.

Se supone que El Cairo es un sumidero de iniquidad, un lugar de intriga, de complot y su opuesto, el cuartel general de la droga o redes de esclavos blancos: mil y un aspectos de la vida sombría y del pecado. Es fácil hablar de estas cosas; aún más fácil es imaginar acciones terribles y conspiraciones espantosas en medio de la mezcla de ricos y pobres, mezquitas e hipódromos, palacios y clubes nocturnos, que impactan sobre el visitante ocasional. Pero, ¿dónde se encuentran estas cosas?

La respuesta es que en nueve de cada diez casos, incluso si vives en la ciudad durante cien años, no las encontrarás. Hay una excepción a esta regla. Al igual que con muchas otras cosas, como un extraño truco del destino, puede que te encuentres con algo más extraño que el sueño de un fumador de hachís… cuando no lo estás buscando.

Y justamente esta es la razón por la que me encontré con el Gran Asesino, Harún, con cuatrocientos millones de almas como sus posibles súbditos y probablemente un caso bastante fuerte de paranoia.

Si no crees ni una palabra de esta historia, nadie podrá culparte; todo lo que puedo decir es que cada sílaba acerca de ella es verdadera y no digo más nada.

Estaba vestido con mi túnica árabe, un turbante blanco atado con dos diademas de oro y una ondeante *Mishla* negra, tomando fotografías en la Ciudad Vieja de la universidad más antigua del mundo: Al-Azhar, "la refulgente".

Después de ofrecer las dos Raka (reverencias) tradicionales en oración dentro de la inmensa mezquita alfombrada, me arriesgué a tomar una instantánea rápida de la entrada desde el interior de los recintos y luego vagué por el antiguo mercado donde se exhibían los "genuinos" cuencos de bronce de Birmingham junto a ropa de Japón, rosarios de La Meca o incienso con estampado de elefante de la India.

Tengo una debilidad por las sandalias afganas. Aquí, lejos de sus valles nativos, encontré a un compatriota presidiendo su puesto de cuero: sandalias decoradas con hilos de oro, piedras semipreciosas e incluso marfil. Ahora los afganos, como les dirá cualquier habitante de Oriente Medio, son exclusivistas y un poco jactanciosos. Rindiéndome al impulso, grité el nombre del propietario que se mostraba, como un texto precioso, en una placa elegantemente escrita apoyada sobre los estantes vacíos:

"Aslam Khan, ¡Viva Afganistán! ¡Que nunca seas pobre!"

Invitado a la tienda, bebí innumerables tazas de té de hojas verdes y hablamos de Kabul, de las montañas y de los frutos, de los desfiladeros y barrancos. Había sido uno de los partidarios de Bacha-Saqau, el rey-brigante de Afganistán a principios de los años treinta. Obligado a huir tras la caída del bandido, se había establecido en El Cairo después de peregrinar a La Meca. Desde entonces, mucho había sucedido: Afganistán era un estado asentado y progresista. Había hecho las paces con el gobierno y cada tres o cuatro años regresaba a casa. Pero aquí el negocio iba bien. A veces anhelaba el aire fresco y vigorizante, el verde de las coníferas, las aguas limpias y heladas de los torrentes montañosos, pero los negocios iban bien en Egipto...

Mientras hablábamos le conté algunas de mis andanzas, de mi búsqueda de lo desconocido, del bichito viajero en general.

Entonces un cliente entró en la tienda y Aslam me dejó con su manuscrito de Khushal-Khan, el poeta-héroe de la zona fronteriza. Estaba inmerso en el ritmo *staccato* de la lengua pastún cuando Aslam se apresuró a retomar la conversación.

"¿Conoces bien el persa? Supongo que sí; el mío es muy malo porque, como sabes, soy un hombre de las colinas de Khyber. Ven y ayúdame con este cliente, que parece ser un hombre importante y no habla bien el árabe."

Me adelanté. El visitante medía bastante más de metro ochenta, vestía ropas europeas con un bastón de cabeza de oro y llevaba un rosario verde en la mano izquierda. Por sus rasgos pensé que era kurdo... y también hablaba persa como tal.

"La paz sea contigo."

"¡Y contigo, y las bendiciones de Alá!"

"¿Eres el dueño de esta tienda? No puedo hacer que este hombre entienda el persa, y debo encargar unos zapatos."

"No, solo soy un visitante, pero espero que podamos arreglárnosla..."

Eligió siete pares de zapatos, un bastón cargado de plomo y un matamoscas, antes de que nos relajáramos y pudiéramos conocernos mejor.

Terminados los negocios, dejamos a Aslam y fuimos a un bar al aire libre para beber café turco.

Su nombre, me dijo, era Emir Yakub; y yo no tenía dudas de que, incluso si este no era su verdadero nombre, era ciertamente de la nobleza kurda. Tomarse un café con este hombre autoritario y culto con cara de halcón era como retroceder al siglo trece. Su conversación fue interesante e intercalada con frases piadosas. Casi todo lo que dijo tenía un cierto sabor a poder; no puedo ser más explícito. Acaso solamente era lo que la gente llama "personalidad".

Era aparente que conocía Oxford muy bien, y habló de "*The Turl*" y "*The Bod*" como alguien que probablemente hubiese estudiado allí; pero cuando decía una frase en inglés lo hacía con un fuerte acento. No se podía deducir mucho de su charla acerca de cuál era su *métier*. Conocía Ginebra, lo que podría haber sugerido la Liga de las Naciones o el servicio diplomático. Sin embargo, para alguien que no parecía tener más de cuarenta años, había cubierto mucho terreno.

El emir no ocultó su curiosidad sobre mí. "¿Qué idiomas hablas? ¿Fuiste a la universidad? ¿En qué países están domiciliados tus familiares? ¿Qué piensas de los británicos, los egipcios, los árabes? ¿Te uniste a los guerreros del Islam en la guerra contra los judíos? ¿Es tu interés por las cosas políticas y militares una afición, o tienes algún entrenamiento o experiencia?"

Me sentía como un candidato para vaya uno a saber qué, cuando el emir se levantó y dijo en un persa muy rápido, mascullando todas las palabras en una nebulosa que difícilmente se podía entender. "Por favor, si no tienes algún compromiso previo, ¿me harías el honor de cenar conmigo a las ocho en el Mena House Hotel?"

Hice una reverencia en aceptación. "El honor será mío, oh emir".

Pero no se despidió de inmediato. Caminamos juntos por la calle mientras la llamada a la oración de la tarde retumbaba a través de la bruma, y él me condujo hacia una pequeña mezquita situada entre una panadería y una escuela. Cuando entramos susurró – aparentemente ocupado en desatar el cordón de sus zapatos – "Te confío a la Custodia de Dios (Adiós): él me seguirá; sigue tu propio camino."

Fue solo entonces que me di cuenta de que una pequeña figura sucia con un gorro *tarboosh*, que había estado parada frente a la zapatería, se estaba quitando los zapatos junto a nosotros...

Conduje hacia las pirámides para cumplir con la cita; a mi mente le resultaba un poco más claro que antes la verdadera identidad del emir. Ninguno de mis conocidos había oído hablar de un jefe kurdo con ese nombre. Desde mi ventana había observado la vigilancia que aparentemente acechaba a Yakub, pero al parecer no a mí.

Cuando entré en el exuberante vestíbulo del Mena House, un botones me pidió mi nombre y me entregó una nota: "Por favor, tome el automóvil con matrícula MSR 57854 del hotel y conduzca hacia las pirámides. La llave está puesta, Yakub."

Había estado trabajando arduamente escribiendo notas y revelando películas. Sin planes fijos para mi próxima etapa del viaje, me encontraba en un estado de ánimo lo suficientemente flexible para seguir esto hasta el final, incluso si era una broma, una trampa o una oferta de trabajo; ni siquiera estaba pensando profundamente en las posibles implicaciones. Creo que la mayoría de las personas, en un momento u otro, se encuentran en un estado de ánimo en el que no están dispuestas a pensar: lo que quieren es acción; entonces salen a cualquier parte, tal vez a un baile.

Situado como estaba, miré a mi alrededor en busca de probables señales de interés; no vi nada, le di propina al niño nubio, salí, subí al Buick convertible con la matrícula que el emir Yakub me había indicado.

Cuando arranqué, el proceso de pensamiento pareció encenderse de repente. ¿Qué está pasando? ¿Cómo supo que podía conducir? Y no tenía permiso de conducir egipcio. Acaso solamente quiera que ayude en la puesta en escena, para que su pandilla pueda robarlo ...

Las pirámides no están lejos del Mena House, a las afueras de El Cairo. Unos tres minutos después vi a la figura dominante del emir a la vera del camino, vestido con un traje de Palm Beach, con un fez y un bastón, justo delante de mí.

"Salams, emir, ¿a dónde vamos?"

"Perdona las molestias, tenía algunos asuntos que atender... ¡Vete a casa, Anwar!"

Un niño, que parecía un pilluelo egipcio sonriendo descaradamente a horcajadas de un burro pequeño, colocó su mano sobre su corazón en señal de saludo, espoleó al animal y partió al trote. Ni siquiera lo había notado hasta ese momento.

Pensé que me dirían algo más que esto.

"Tengo hambre y no podemos comer pirámides, oh emir kurdo."

Ahora Yakub era todo sonrisas. No lo había visto así en nuestra primera reunión. "Vamos, salvaje afgano, y mira si puedes saciarte con lo que tengo para ti."

Subió al asiento del conductor, regresó a El Cairo y se dirigió a Heliópolis. Esto era verdaderamente un asunto de intriga y misterio.

Yakub me ofreció un cigarrillo de una caja de oro, prendió la radio y señaló al encendedor en el tablero.

Decidí usar un enfoque más sutil. "¿Hay alguna manera en que pueda serte de utilidad? Si sientes que, si yo supiese más..."

Me cortó en seco. "Soy un amigo de Abdullah Effendi, ¡y él dice que las semillas de melón que le diste han florecido en Damasco!"

Entonces supe que podía confiar en él. Abdullah era un viejo amigo de nuestra familia. Emir Yakub había agregado la última frase a la manera inmemorial de Oriente para identificar amigos de enemigos. Era una palabra clave aleatoria, una referencia a algo que sabíamos entre Abdullah y yo, algo trivial, pero demostró que Abdullah le había dicho de alguna manera a Yakub que se identificara.

Pero todavía yo no sabía nada. Abdullah era un viejo amigo, un terrateniente en Siria, que pasó la mayor parte de su tiempo – por lo que puedo recordar – trabajando en un libro que según se decía había estado escribiendo durante los últimos veinte años...

Yakub me había chequeado, contactado a Abdullah y obtenido esta palabra clave, ¡todo en cuestión de veintiocho horas! Eso sí lo sabía...

El Buick se comió un kilómetro tras otro, y doblamos en un camino de grava de una de esas inmensas villas construidas por Pashás que casi dan al hipódromo de Heliópolis.

Entregamos el automóvil a un empleado para que lo aparcase y caminamos cien metros hacia la *siguiente* casa, donde un nubio con una túnica carmesí y una faja blanca nos estaba esperando con la puerta abierta.

Puede que los eventos que sucedieron después hayan demorado un poco, pero ¿valió la pena la espera?

Nos condujeron hacia lo que parecía un armario, cuya puerta estaba cerrada. Después de un par de minutos en la oscuridad, la parte de atrás del armario se abrió como una puerta, con los estantes y el papel tapiz sobre ella, y bajamos por una escalera a lo largo de un pasaje; luego subimos de nuevo hasta que me di cuenta de que seguramente ya estábamos en otra casa.

Otra puerta se abrió. Ahora estaba en *Las mil y una noches*.

Dos sudaneses negros, con espadas desenfundadas, me agarraron por los antebrazos. Deferencialmente, con las cabezas inclinadas, me acompañaron por un pasillo hasta una inmensa habitación; esto parecía una mezcla entre una sala y un patio. Lo reconocí de inmediato – aunque solo fuera debido a las miniaturas antiguas – como una sala del trono tradicional, igual a las que usaban los sultanes de antaño; y esta estaba completa con el sultán.

Los sirvientes se colocaron a intervalos regulares a lo largo de las paredes, uno para cada columna de mármol. En medio del patio había una fuente con agua de colores. El olor del incienso llenaba el aire. Sentado sobre un gran cojín de terciopelo en el extremo más alejado de la sala estaba el "Sultán". Situados a ambos lados del estanque oblongo de la fuente estaban aquellos que podían ser reconocidos como cortesanos y ministros.

Yakub se adelantó y me liberó de las indeseadas atenciones de los negros. Juntos caminamos lentamente hacia donde estaba sentado el gran hombre.

Mientras avanzábamos, inclinó su cabeza.

Cuando estábamos a unos cinco metros de la figura entronizada, que vestía una túnica persa y un turbante rojo enjoyado, Yakub se posó sobre una de sus rodillas y colocó una pequeña daga tallada y enjoyada a los pies del Príncipe; era la señal de lealtad.

El príncipe sonrió y me miró. No estaba seguro de qué hacer, así que simplemente lo miré. Su túnica estaba estampada con sutiles diseños arabescos, labrados con hilo dorado. Sobre el lado derecho de su pecho había una versión ornamentada del monograma imperial utilizado por los antiguos Califas y los Sultanes de Turquía.

Si no hubiera sabido que esto era el siglo XX y que no había un Comandante de los Fieles, me habría imaginado en presencia del Califa de Todo el Islam, la Sombra de Dios en la Tierra, el Pavo Real del Mundo, el...

Yakub estaba hablando, en persa. "... ¡Comandante de los Fieles, Sombra de Alá, Líder! Este es tal y tal, hijo de tal y tal, terrateniente de tal lugar, de la familia fatimita."

Él me miró. Justo a tiempo recordé decir la frase tradicional con la que debería finalizar tal presentación:

"... Aspirando a sacrificar mi vida por ti si fuese necesario, vine a rendir homenaje: ¡que puedas vivir para siempre!"

A estas alturas todo ello me tenía en sus garras. Ya no pensaba que nada fuera fantástico, ni siquiera inusual. Ahora sé a lo que se refiere un actor cuando dice "meterse en la piel del personaje". Todo era tan artificial que, al final de cuentas, este *era* el Califa del Islam y yo estaba aquí para saludarlo. Mis procesos de pensamiento estaban nuevamente paralizados, y esta vez ni siquiera me di cuenta.

Ahora el Imam habló. "Te ruego, en el Nombre de Alá, que no hables ni escribas acerca de esta reunión por seis meses; ni divulgues en ningún momento la ubicación de este lugar." Me agarró de la ropa, que es la forma árabe y musulmana de imponer un juramento obligatorio a cualquiera; yo no tenía nada en contra de eso.

"Con gusto, oh imán, líder."

"En el nombre de Alá, entonces." Indicó un lugar junto a él, y me senté.

Trajeron café y la música comenzó a sonar desde un nicho detrás del imán. Un tiempo después la escena toda me vino bruscamente a la mente otra vez, cuando fui recibido de la misma manera por el rey Saud, el verdadero tradicionalista.

La ciudad de La Meca y el patio de la gran mezquita

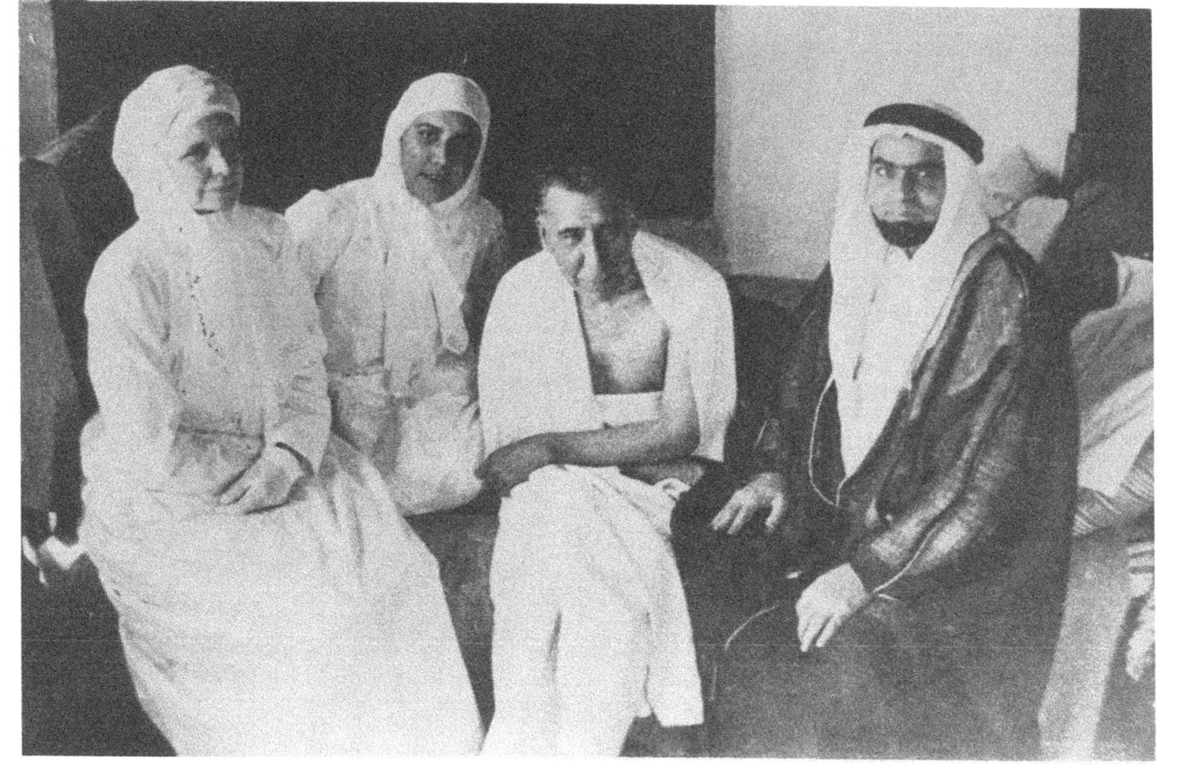

Peregrinos en La Meca: El Sayed Ikbal Ali Shah (centro) con su asistente personal y miembros de su familia

El imán tenía la tez del color de los árabes y la estatura de un kurdo o un afgano; debía de tener unos cincuenta años o quizás un poco más. En su mano había una gran piedra verde, engastada en oro, y una pequeña cuerda verde sobre el lado izquierdo de su pecho mostraba que él mismo era de la Familia Fatimita: los descendientes de Muhammad el Profeta, linaje al cual se cree que le ha sido conferido el supremo comando político y religioso de todo el islam.

Parecía un hombre amable; al principio nada delató ningún destello de fanatismo en esos ojos grandes y oscuros. Sus orejas eran pequeñas y bien formadas, manos grandes con dedos largos que estaban bellamente cuidados. En sus pies llevaba un par de sandalias enjoyadas.

Y la historia que me contó fue la más fantástica que he escuchado. Pasé más de cuatro horas allí en esa ocasión. Nos ofrecieron frutas, dulces, música y, finalmente, una fiesta gigantesca al verdadero estilo oriental.

Con sus propias manos seleccionó algunos de los manjares más selectos e insistió que los tomara. Cuando me fui, me dio una copia del Corán de su puño y letra.

¡Pero lo que me dijo! El mundo del Islam estaba fermentando. Hay varias escuelas de pensamiento sobre la mayoría de los asuntos. Hemos emergido del período de dominación occidental a un estado de casi anarquía donde el nacionalismo es lo más importante. El destino de los pueblos del Islam, desde Marruecos hasta Java, en gran medida estaba en manos de políticos interesados únicamente en sus propias carreras.

Tuve que estar de acuerdo con esto; yo mismo sentía lo mismo.

"El mundo está dividido, ahora, en dos grupos que compiten por el poder; chocarán, a menos que haya alguna razón para que esto no sea así. La historia nos muestra que siempre que ha habido dos Poderes en el mundo, a la larga se enfrentaron.

"Sin embargo, hay una Tercera Fuerza: ¡la fuerza del Islam! Esta Fuerza puede reunir a 400,000,000 de personas. Tiene dentro de sí la mano de obra, los materiales y el territorio para ser el mayor imperio de todos los tiempos."

Todo esto ya lo sabía, y también que muchas personas que dirigían grupos musulmanes, ya fuera en Arabia o Pakistán, Egipto o China, tenían la misma idea.

"Estás de acuerdo conmigo, al igual que todos los demás musulmanes pensantes. Pero, ¿cómo vamos a lograr la unidad, por nuestro propio bien y el del mundo?"

Le dije al imán que pensaba que ese movimiento tendría que surgir de la gente, así como el Islam mismo había sido un movimiento popular y que había sido injertado en el imperio más grande de todos los tiempos – en épocas pretéritas – por personas que trabajaron para la causa y no para ellos mismos.

Luego vino el desenlace. "Sí, pero has dejado de lado un factor importante. En la vida, como ha sido reconocido por muchos – y estos serían aún más si tuviesen el valor de aceptarlo –, debe haber una élite. Por una élite quiero decir que algunas personas son más dotadas que otras. ¡No es solo una cuestión de oportunidad el hecho de que todos los hombres no sean iguales!"

Esto, también, sabía que era verdad.

"Bueno, entonces, debemos enseñar a la gente que el Islam se basa en la unidad y la igualdad en la medida en que la igualdad sea posible; pero siempre habrá líderes, y esto es algo que no debemos olvidar.

"Pero no podemos unir a los países musulmanes a golpe de pluma. No podemos componer diferencias por ningún otro medio que no sea el ejemplo y la fuerza; las bases gemelas de la vida humana y particularmente de la ley.

"Para alcanzar ese poder y dar ese ejemplo de manera efectiva, debemos hacer que los logros afecten a las personas más interesadas. Esto se puede hacer solo a través de la maquinaria del gobierno. No es práctico iniciar este movimiento a través de los canales habituales de la democracia parlamentaria, porque la podredumbre ha llegado demasiado lejos.

"Todos sabemos que la democracia parlamentaria es un proceso improvisado, y que tiene un uso limitado. Tiene su función, pero no es una panacea para todos los males.

"Por lo tanto, nosotros que somos la élite, nosotros que hemos trabajado durante muchos años, ¡debemos tomar la iniciativa!"

Ahora sus ojos estaban realmente ardiendo y sentí en cada palabra un poder como el que pocos hombres tienen la capacidad de proyectar.

"Tomaremos el poder en uno de los países musulmanes. Esto lo haremos por la fuerza, aunque no implicará mucho derramamiento de sangre; habrá una especie de golpe de estado. Hemos capacitado a hombres para que asuman cargos importantes, ya sean administrativos o técnicos o incluso militares.

"Capturaremos, de un golpe, a las personas que importan en ese país, y el resto se pondrá en forma. Incluso si estamos equivocados, lo cual es poco probable, no podemos ser *peores* que los que ya están en el poder.

"Entonces vamos a simplificar e islamizar todo. Volveremos al Corán y a los dichos del profeta. Nos haremos fuertes, respetados y amados. De esta manera no temeremos a nadie y ninguno nos atacará, ya que no seremos una amenaza para nadie.

"Seremos una dictadura benevolente, con la élite siempre en el fondo. Las personas son como los niños y tienen que ser guiadas; y este Poder Secreto detrás del trono continuará a lo largo de los siglos.

"La gente en otros países nos emulará. Cuando hayamos establecido nuestro estado modelo, otros nos imitarán. Si no lo hacen, entonces nosotros nos acercaremos a ellos. Cada revolución tendrá la apariencia de una nacional, por lo que no habrá intervención por parte de potencias extranjeras."

Realmente estaba muy intrigado. No parecía importar que este hombre fuese o no un paranoico; al menos era honesto: no podía dudarlo ni por un momento.

Naturalmente, lo primero que se me ocurre es que, por muy bueno que fuera un gobierno, ¿no habría posibilidad de abuso de poder, intriga, etc.? Hice esta pregunta.

"Mi amigo, has hablado bien. Sí, existen estos peligros y otros mil también. Pero la cosa ha ido demasiado lejos para usar simples paliativos. Debemos arriesgarnos. Estoy preparado para defenderme ante Dios, y todos nosotros deberíamos estar preparados."

En lo referido al resto de lo que me dijo, debo esperar hasta que expire el límite de tiempo. Porque me impuso un período de silencio adicional que cubría las intenciones más inmediatas del movimiento. Pero estoy convencido de que este hombre, y sus seguidores, ejercerán un poderoso efecto sobre toda la vida de Medio Oriente e incluso más allá.

Durante esta reunión, y las dos posteriores en las que me recibió el imán, dijo varias veces: "Estoy haciendo las paces en nombre de Hasan, hijo de Sabah, de nuestro clan."

Esta era una de las claves de la identidad del hombre.

Porque, hace muchos siglos, en Persia surgió un imán que prometió a sus seguidores el paraíso si morían en su servicio. Era conocido como el Gran Asesino, y es a partir del nombre de estas personas que se deriva la propia palabra en inglés (ver cualquier diccionario etimológico).

Hasan, hijo de Sabah, se convirtió en el líder de un grupo llamado los ismaelitas, se dedicó al objetivo de convertirse en Dueño del Mundo y se instaló en el inexpugnable castillo de Alamut. La historia es familiar para los orientales, pero quizás menos conocida en Occidente.

El mismo Hasan había sido discípulo de un hombre que predicaba puntos de vista muy similares a los del imán con quien me encontraba. Él había creado un "paraíso" sintético en un valle exuberante, donde sus seguidores fueron secuestrados, drogados y a los que luego se les permitió despertar. Cuando se encontraron allí, parecía nada menos que el cielo. Había fuentes y jardines, ricas frutas y doncellas para atender todas sus necesidades.

Luego, habiendo sido drogados nuevamente con hachís, los *Hashishin* (Asesinos o *Assassins* en inglés) fueron retirados y se les dijo que podrían volver a entrar en el Paraíso solo después de la muerte; y ello únicamente si morían obedeciendo las órdenes directas de Hasan, hijo de Sabah, de la familia de Hashim el fatimita.

Su apuesta por la hegemonía mundial solo se vio frustrada por un elemento que no habían tenido en cuenta: la terrible irrupción de los mongoles que conquistaban todo el Oriente Medio. Halaku el Destructor los aniquiló.

Pero antes de que esto sucediera, más de la mitad de los tronos de Asia habían sido sacudidos por los misteriosos asesinatos de los *Hashishin*. El rey de Bujara fue apuñalado, el emperador Saladino atacado, incluso los cruzados fueron acosados por estos intrépidos fanáticos enviados por Hasan, el "viejo de las montañas", como lo llamaban algunos.

Esto es lo que puede suceder con el tipo de plan que me reveló el nuevo y anónimo imán. Ambas ideas vinieron de la misma raíz, probablemente ciertas escuelas místicas que florecieron durante aquel tiempo. Por extraño que parezca, Hasan fue compañero de escuela de Omar Khayyam, el poeta laureado de Persia. Muchos dicen que aquellos que pueden demostrar ascendencia de Muhammad son los herederos del liderazgo del Islam; y aunque el propio Profeta declaró que no había nobleza en la sangre tan importante como la piedad, la tradición persiste con fuerza, y desde entonces han gobernado varias dinastías con mayores o menores pretensiones de ascendencia, en áreas localizadas. Entre estas familias, también, hay algunas que ahora no poseen ningún poder territorial real (como el Sultán Muhammad Shah: el Aga Khan). Luego están los reyes de facto, como los Hachemitas de Irak y Jordania, y el Rey Idris de Libia.

Pero la propia Arabia, mi objetivo actual, estaba gobernada por Abdul-Aziz, hijo de Saud, y era bajo el patrocinio de los wahabís y no el de los Hachemitas que yo debía visitar el reino de mis antepasados.

Hay un dicho que dice que "cada cosa lleva su tiempo", a menudo citado como una excusa oriental para la inacción. Mas mi estadía en El Cairo afortunadamente demostró que, activa o no, había una nueva espera antes de que pudiera partir rumbo a la Ciudad Santa del Islam.

CAPÍTULO VI

Órdenes de marcha

CAMINÉ DESDE LA Universidad de Azhar, muy lejos en la Ciudad Vieja, a través de las bulliciosas y abrasadoras calles de El Cairo hacia el "*West End*" de la capital. Si palabras como crisol y caleidoscopio resonaban en mi cerebro, era solo porque encajaban en la escena mejor que cualquier otra cosa en la que pudiera pensar. Las impresiones se agolpaban en la mente tan rápido que parecían difuminarse hasta que el calor o la multiplicidad de actividades me aturdieron.

Había estado en El Cairo tres meses. Conocía bastante bien el idioma: y pude entender, como musulmán que había vivido durante años en Occidente, la mayoría de las cosas que ocurrían; pero no podía acostumbrarme a que fueran juntas de esta manera. Era como si un hormiguero gigante hubiera sido invadido por fragmentos de otro tipo de vida, y las hormigas estaban haciendo todo lo posible para absorber esta cultura occidental, con diversos grados de éxito.

De los altavoces del siglo XX de cada café del *Musky* tronaban pasajes del Corán del siglo VII. En una esquina del enorme *suk*, un hojalatero hacía llantas para las ruedas de un carro tirado por bueyes con la hojalata martillada de un anuncio de Coca-Cola. Afuera de la milenaria Universidad de Azhar, con sus aires acondicionados y alfombras antiguas, había una larga hilera de autos estadounidenses que olían a dólares.

Incluso la gente en las calles parecía un poco desorientada por el impacto del occidentalismo, a pesar de que lo conocían desde hacía siglos; algo que era muy notable a través de la variedad de ropajes de la población. El atuendo estándar de los trabajadores parecía ser un viejo uniforme de instrucción militar británico de color caqui, con sandalias y un gorro. Los tenderos armenios, griegos y coptos parecían preferir orientalizarse y adoptar nombres árabes. Los sudaneses morenos del sur profundo, con fantásticas cicatrices que denotan afiliación tribal, estaban impecablemente ataviados con un estilo ultra árabe o siguiendo la moda de la ropa estadounidense.

Esto era Oriente y Occidente. Además, en todas partes se podía ver el profundo impacto del redescubrimiento del antiguo Egipto. A pesar del rigor islámico contra las formas faraónicas, se veían nombres, imágenes e incluso casas que se basaban en la cultura de los antiguos tiempos dinásticos.

A medida que emergía a la parte más moderna de la ciudad – con sus rascacielos y letreros de neón, sus carritos tirados por burros y los Cadillacs, sus mendigos y magnates del algodón – una multitud observaba a un grupo de jóvenes parados en una concurrida intersección de tráfico. Varios policías achaparrados y desdichados portando palos avanzaban con aprensión.

Me detuve a escuchar los gritos de los jóvenes: "*Allahu-Akbar, Allahu-Akbar, Allahu-Akbar! ¡Subhanullah Wahda!*"

Mi vecino se encogió de hombros y señaló a la policía. "No se atreven a tocarlos, aunque sean miembros ilegales de la Hermandad Musulmana. ¡Están recitando oraciones!"

Me alejé mientras los Hermanos seguían demostrando su presencia como una unidad: "¡Dios es el más grande! ¡Dios es el más grande! ¡Dios es el más grande! ¡Alabado sea Dios, el *indiviso*!"

Cuando emergí en Sharia Ibrahim Pasha, las calles de repente parecieron llenarse de tropas. Al mirar hacia arriba vi ametralladoras colocadas en la parte superior de los edificios. Saqué mi cámara y puse el dial de exposición; fue arrancada de mi mano.

El capitán de la policía pidió ver mi pasaporte. “Quédate aquí. Te devolveré la cámara en unos minutos.”

“¿Qué sucede? Soy amigo de Egipto, de camino a La Meca. No quiero fotografiar nada secreto… pero ¿qué está pasando?”

“No puedo decírtelo. De todas formas no puedes moverte por media hora. Todo el tráfico debe detenerse. Si esperas aquí verás algo interesante.”

Más y más tropas. Se formaron en dos líneas, una frente a la otra a cada lado de la avenida. Las multitudes comenzaron a reunirse y fueron ordenadas por la policía. Una furgoneta de radio pasó lentamente por la calle silenciada, transmitiendo el himno nacional.

Después de aproximadamente una hora de espera bajo ese calor ardiente, presionado contra cuerpos antihigiénicos, con otro grupo de Hermanos cantando “Ningún hombre es mejor que otro hombre a la vista de Dios, excepto aquel que es más piadoso” – un dicho del Profeta Muhammad –, me di cuenta de que el rey Farouk estaba a punto de pasar por donde estábamos nosotros.

El hombre que estaba muy cerca de mí fue llevado bajo arresto por llamar a Farouk “hijo de camello”. Gritaba y suplicaba piedad. Nadie parecía particularmente entusiasmado con el soberano, pero la mayoría era un poco más discreta.

Luego, a lo lejos en la calle, las bocinas sonaban una tras otra; algo se acercaba. La policía y las tropas se apostaron atentamente. Las ametralladoras en los techos fueron apuntadas a la multitud. A medida que las bocinas se acercaban más y más, vislumbré un automóvil aerodinámico de color rojo sangre pasando a toda velocidad con las ventanas subidas y llevando en la parte posterior a un obeso personaje de anteojos. Le di un golpecito al capitán en el brazo. "Coronel, deme mi cámara y déjeme ir, por favor."

"Lo siento, debe esperar". Nadie se había movido. Esperé.

Otra serie de bocinazos, otro auto rojo sangre idéntico, otra figura encorvada en la parte posterior. Esto sucedió cinco veces, a intervalos de unos tres minutos. Uno de ellos debe haber sido Farouk, pero ¿cuál? Todos tenían la misma matrícula. El "Hijo de una cadena de perlas" debe de haber estado leyendo sobre el fabuloso Harún-el-Rashid, que dormía en una cama diferente cada noche.

Los Hermanos Musulmanes detrás de mí cantaban: "Los *musulmanes* son una mano, como los ladrillos en una pared. ¡Todos son importantes, pero ninguno es más importante que el otro!" Recobré mi cámara y partí cansinamente.

Un tranvía abarrotado, llevando tanta gente que sus límites eran imposibles de discernir, vino chirriando hacia mí; al pasar le saqué una foto. Para entonces no estaba de muy buen humor; así que cuando la cámara fue arrebatada de mi mano por un joven vestido con un *zoot suit* que llevaba gafas de sol, agarré sus anteojos y los aplasté con mi pie.

"¡Hijo de perra! ¡Maldito ladrón! ¡Dame mi cámara, y puede que decida no aplastarte como a un gusano!"

Inmediatamente se calmó. "Soy un estudiante. Tú eres un extranjero. No me gusta ver fotografiadas cosas vergonzosas para nuestro país. Perdóname, ¡no me hagas daño!"

Lamentablemente soy de esa estirpe afgana que se enardece con facilidad, así que lo reprendí detalladamente durante unos tres minutos.

Le dije que no podía ver qué había de vergonzoso en tener tranvías abarrotados; que no me gustaba la expresión de su rostro; que esperaba que él estuviera tan activo en hacer algo constructivo para su país como lo estaba en molestar a los extranjeros. En cualquier caso, su país no era más suyo que mío. Yo era musulmán, y las tierras musulmanas pertenecían por igual a los musulmanes. Esto siempre tiene validez, porque es un argumento basado en el concepto panislámico del Islam y los dichos de Muhammad. Se escabulló. En otras circunstancias me podría haber hecho amigo de él. Hice una nota mental para intentar en el futuro la conciliación antes que la agresión.

Menciono este caso porque es típico de muchos de estos acontecimientos que experimenté casi a diario en Egipto. Hay una inmensa cantidad de vitalidad en los egipcios más jóvenes; pero no parecen saber a dónde van, si es que van a alguna parte. Es por esta razón que están muy divididos entre sí y solo unidos por el hecho de que la mayoría son miembros de la fe musulmana. A menudo son muy sinceros, y muchos son extremadamente simpáticos. Pero extraen su experiencia de la vida y de la política indirectamente a través de esos libros "inteligentes", llenos de argumentos ingeniosos, escritos por políticos irónicos o traducidos del inglés y el francés. Estas son preguntas típicas que me hicieron en una reunión de estudiantes egipcios a los que me dirigí:

1. ¿Qué es la espuma? En los escritos sagrados dice que algo efímero es similar a la espuma: se acumula sobre el agua y tiene ser, sin embargo desaparece y no tiene más existencia. ¿Qué es, entonces?
2. ¿Me recomendarías quedarme en Egipto y cuidar de mi familia, o viajar a Europa y buscar entrenamiento militar para prepararme para la lucha contra los incrédulos?
3. ¿Cómo podemos educar a Occidente acerca de la civilización islámica?

4. ¿No crees que la unidad en el Medio Oriente solo puede lograrse cuando un país comienza a desarrollarse? ¿Cómo puede un país solo iniciar esta campaña para la unidad con todos los demás?; ¿y no será necesario extirpar todos los intereses creados existentes antes de que podamos comenzar?

Anoté y guardé estas preguntas como una especie de muestrario del pensamiento entre estudiantes jóvenes, porque este era el tipo de consulta que surgía continuamente.

Todos estos pensamientos giraban en mi mente cuando llegué al hotel donde estaba apostada la Delegación de Arabia Saudita para la sesión de la Liga Árabe. Cuando entré en el inmenso y lujoso vestíbulo, intenté redireccionar mis pensamientos hacia La Meca y al problema de llegar allí, tomar fotografías y salir después de realizar la peregrinación.

El salón principal era una escena brillante, evocadora de grandes ocasiones diplomáticas en la Europa de la preguerra. Los agregados, miembros de la Legión Árabe, secretarios y delegados inmaculados se sentaron con sus damas – o reuniéndose entre ellos – a las mesas adornadas con flores.

Sabía que el Príncipe Faisal, el Ministro de Relaciones Exteriores de Arabia Saudita, estaba allí y me dirigí audazmente hacia el conserje principal vestido con una levita. “Por favor, envíale mi tarjeta a Su Alteza Real de Arabia Saudita.”

Tomé asiento y me pregunté si el orgulloso Wahabí me vería. El hecho de que supuestamente mi familia no era demasiado popular allí fue algo que complicó mi visita a la Península Arábiga. En primer lugar, había un rumor (totalmente incorrecto) de que mi padre había estado del lado de ciertos alborotadores indios que habían desafiado al rey Ibn Saud en la década del 20; de hecho, había usado todas las armas que tenía para vencerlos… cosa que finalmente hizo.

Más importante, quizás, sea el hecho de que nuestro linaje se remonta directamente al califa Musa-Kazim, de la familia del Profeta. Y esta familia – los hachemitas – no eran populares entre los árabes Wahabí porque se creía que algunos de ellos podrían reclamar la soberanía de Arabia como su derecho histórico. El rey Abdullah de Jordania era, por lo tanto, un pariente nuestro y amigo cercano; se afirmaba que él y el anciano rey Ibn Saud eran enemigos. Los saudíes decían que esto se debía a que los hachemitas eran amigos de los británicos, e incluso sus títeres. Los hachemitas sostenían que el alejamiento se debía al hecho de que los saudíes habían desplazado al legítimo gobernante hachemita del Hejaz.

Por esta razón me habían advertido de que no me presentase con mi título, lo cual traicionaba a mi ascendencia de Muhammad; pero recordé que el príncipe Faisal y su padre Saud conocían a mi padre y me sentí optimista. En cualquier caso, no sería demasiado fácil negarle el acceso a la Ciudad Santa a alguien que fuera un musulmán genuino en peregrinación.

Habían pasado cinco o diez minutos. Una figura alta vestida con túnicas árabes se cernía sobre mi codo. "¿Sayed Edris? Por favor, sígame."

Tan pronto como salimos del ascensor fui prácticamente empujado a través de una puerta vigilada. Dentro de la sala, con las sillas dispuestas en círculo a la manera tradicional del tribunal de un emir, se encontraba la delegación saudí. Me dirigí al centro del grupo, hacia la figura dominante de Emir Faisal, con su tocado real de anillos de oro y una túnica blanca de verano.

Al acercarme se levantó y sonrió. La gente ha dicho que es un hombre severo, con ideas claras acerca de las sutilezas del protocolo social árabe. Lo vi como el arquetipo de un aristócrata árabe: alto, delgado, de nariz aguileña y orgulloso; tenía ese extraño magnetismo que yo habría de ver nuevamente en su padre, el rey guerrero Ibn Saud, que había conquistado toda la tierra de Arabia para la dinastía wahabita. Parecía sorprendentemente joven: más joven de lo que parecía cuando lo conocí de niño, veinte años antes.

A ambos lados, respetuosamente silenciosos, estaban el embajador en El Cairo, el Embajador de Londres y otras celebridades.

Besé la mano de Faisal. En este momento casi hubo un contratiempo: había olvidado que mi cámara estaba colgada en su funda de cuero debajo de mi axila. Cuando me incliné, se deslizó y balanceó hacia adelante, pareciéndose a una cartuchera diseñada para algo más peligroso. Un claro suspiro vino del grupo. Pero Faisal es un hombre con nervios de acero; simplemente sonrió y me preguntó cómo estaba.

Cuando me senté a su lado, me preguntó las razones de mi venida hasta aquí, a dónde me proponía ir después y preguntas de ese estilo.

Le dije que era un peregrino, que me había propuesto visitar la Ciudad Santa y que agradecería mucho la oportunidad de presentar mis respetos a su distinguido padre, que conocía a mi propio padre.

Se dirigió al embajador saudí en el Cairo. "El Sayed es nuestro invitado. ¿Podrás hacer todos los arreglos, Oh Sheikh?"

El embajador hizo una reverencia. Le agradecí al Emir y me retiré.

Estaba en camino a Arabia Saudita. Al día siguiente, mi pasaporte fue visado e inscrito por la Embajada de Arabia Saudita: "Por orden del Emir Faisal, Ministro de Relaciones Exteriores de Arabia Saudita, Virrey del Hejaz..."

La hospitalidad entre los árabes es legendaria por su magnificencia. Fue bueno ver que los wahabíes, aunque son puritanos severos, eran verdaderos herederos de esa maravillosa tradición.

Solamente tenía que reservar mi pasaje.

CAPÍTULO VII

Viaje por el Mar Rojo

El nuestro no era un barco de peregrinos; por lo menos, no al principio. Suez aparentaba ser como la Suez que tan a menudo aparece: calurosa y polvorienta, construida sobre una especie de pendiente, agotadora para los pies como lo son las demandas de los taxistas locales al bolsillo.

Profundamente marcada en aquel entonces en sus esperanzas como también en sus señales callejeras por una inconfundible presencia militar, la ciudad se sentía de alguna manera inquieta, melancólica.

Ahora yo era un peregrino rumbo al sur, a través del Canal y el Mar Rojo, con destino a Yeda, el puerto principal de Arabia Saudita.

Cuando vio mi visa, el oficial de pasaporte se encogió de hombros mirando a sus colegas de la aduana. Los peregrinos, según sus comentarios, nunca tenían bienes susceptibles de tasas aduaneras.

Me preguntaba, como siempre lo hago, por qué había tanta preocupación acerca de la gente que dejaba el país. Yo había pagado – y según creí, muy generosamente – por el privilegio de tener mi equipaje revisado al ingresar; pero ahí estaba, y el procedimiento usual tendría que ser realizado.

Es difícil decir si este ritual invariable es naif, amable o incluso laxo; pero el hecho de que había visto a veinte de mis futuros compañeros de viaje atravesarlo, significaba que yo estaba preparado.

Así, cuando el hombre de la aduana me miró fijamente con ojos penetrantes, no me sorprendió escuchar el exultante *¡Ajajá!* de su compañero, estratégicamente ubicado justo detrás de mí, ¡cosa que parecía calculada para hacer que al supuesto contrabandista se le saliese el corazón por la boca del miedo y lo confesase todo!

Habiendo sobrevivido a esto, recorrí la pasarela que me depositó en una embarcación pequeña lo suficientemente limpia pero de alguna forma demasiado metálica para este sol abrasador. Cuando zarpamos pensé en esto, reflexioné que si sentía incomodidad ante el carácter inflexible de un barco de metal, cuánto más doloroso habría sido el arrepentimiento de la gente habituada al generoso movimiento de las paredes de madera con el lienzo blanco inflándose arriba.

Tanto el capitán como el inevitable ingeniero pelirrojo eran escoceses; la tripulación provenía de varias partes del Valle del Nilo. Los pasajeros parecían ser de cualquier país excepto de Egipto.

Apenas comenzamos a navegar, el llamado a la oración del mediodía resonó desde la tercera clase y el entrepuente, donde se sentaban los pacientes peregrinos. Un campesino turcomano en botas de fieltro (había prácticamente caminado desde Persia) estaba de pie mirando hacia La Meca, liderando a los fieles. Apenas tres, hasta entonces, estaban vestidos con el blanco del peregrino: Ahmed el somalí, su esposa y su hijo Abdullah de seis años. En nuestra propia cubierta, un Sheikh saudí, un agrónomo sirio y dos periodistas turcos ya se habían hecho amigos. Un norteamericano, con destino a Adén, leía a Sherlock Holmes y pedía té cada media hora. El incesante y borroso ritmo de la música árabe atormentaba cada rincón de la cubierta; los parlantes transmitían los programas radiales de El Cairo desde el alba hasta el anochecer.

Mientras surcábamos a través de la cadena de lagos conectados que formaban el Canal, dos días de navegación provocaron un cambio abrupto en el humor a bordo del barco. Era como si estuviésemos en otro mundo: todo acerca de El Cairo había sido olvidado. No había olores ni hordas repletas de curiosos y holgazanes; nada excepto el latido de los motores y los pájaros blancos volando en círculo sobre nosotros. Ahora estábamos a cuatro días de Yeda, esa ciudad por la cual algunos de nosotros habíamos caminado durante años para verla... y otros ahorrado durante todas sus vidas.

El primer evento inusual fue el abandono completo de toda distinción entre pasajeros de primera y tercera clase. Aunque pasaban la mayor parte del tiempo en su propio sector del barco, todos los pasajeros se mezclaban libremente con total amabilidad. Uno, acaso más piadoso que otros, logró convencer al oficial de radio para que dejase de pasar música. Los fieles se sentaban bajo toldos, oraban o leían libros.

Los viajeros occidentalizados de primera clase paseaban ahora por la cubierta en holgadas túnicas; el sirio aún regaba sus plantas cinco veces al día y se estaba dejando crecer la barba. Yo también dejé de afeitarme, pues habría sido descortés presentarse completamente afeitado ante el rey... si es que llegaba a ver al rey.

El norteamericano se quejó de que el puritano Sheikh saudí hubiese arrojado por la borda todos los naipes por ser "invenciones del diablo". Uno podría haber dicho – si esto no fuese una frase con asociaciones completamente irrelevantes – que estábamos volviendo a la normalidad. Este era el período de transición. Las pasajeras formaron un grupo propio, bajo la presidencia de la esposa de uno de los clérigos del santuario de La Meca que regresaba de una visita a su hermana en El Cairo. Ella las entrenó en las recitaciones y oraciones que serían usadas durante el peregrinaje y les habló del trabajo que estaba haciendo en asistencia social y también para el beneficio de los niños en la sureña provincia de Hejaz.

Yo parecía ser la persona con mejor comprensión del inglés, y pronto el norteamericano se me pegó; me preguntó de forma bastante insistente acerca de los motivos de mi viaje, qué esperaba obtener del mismo y sobre las condiciones de vida en Arabia Saudita.

Finalmente el norteamericano me pidió que lo llevase a La Meca. Según dijo, se le permitiría desembarcar en Yeda: esta no era una ciudad prohibida. Una vez allí debería ser posible, aunque no fácil, llegar a La Meca. Estaba dispuesto a pagar todos los gastos; incluso estaba dispuesto a remunerarme por mis molestias. Pero yo ya tenía suficientes problemas y le dije que me gustaría hacerlo pero que, al estar de peregrinaje, no podía participar en semejante engaño. ¿Era él musulmán? No. "En ese caso, no te beneficiarías mucho por ir a La Meca", le dije.

Pero quería ser el primer norteamericano en ir allí. Después de todo, La Meca era mucho más impenetrable que el Tíbet. Él lo sabía pues había estado en el Tíbet. "No tiene nada de especial", me dijo.

¿Sería capaz de entrar si se convertía en musulmán? Le dije que era posible pero que llevaría tiempo y perseverancia. Podrían pasar años hasta que fuese lo suficientemente confiable. Incluso entonces, un movimiento en falso podría significar la muerte; ya había sucedido antes. Le recordé que estos tiempos eran aún más difíciles que aquellos en los cuales hombres como Burton lo lograron disfrazados. Hoy tienes que atravesar la tormenta de *walkie-talkies*, tarjetas de identidad y pasaportes de peregrino, además de tener que saber los rituales y modos del Islam.

El suspenso, la excitación reprimida y el sentimiento de una profunda experiencia venidera palpitaban en el corazón de cada peregrino a medida que nos acercábamos a Yeda. En la brillante dureza del tempranero albor matinal, Arabia Saudita fue avistada.

Cartel en el camino a La Meca

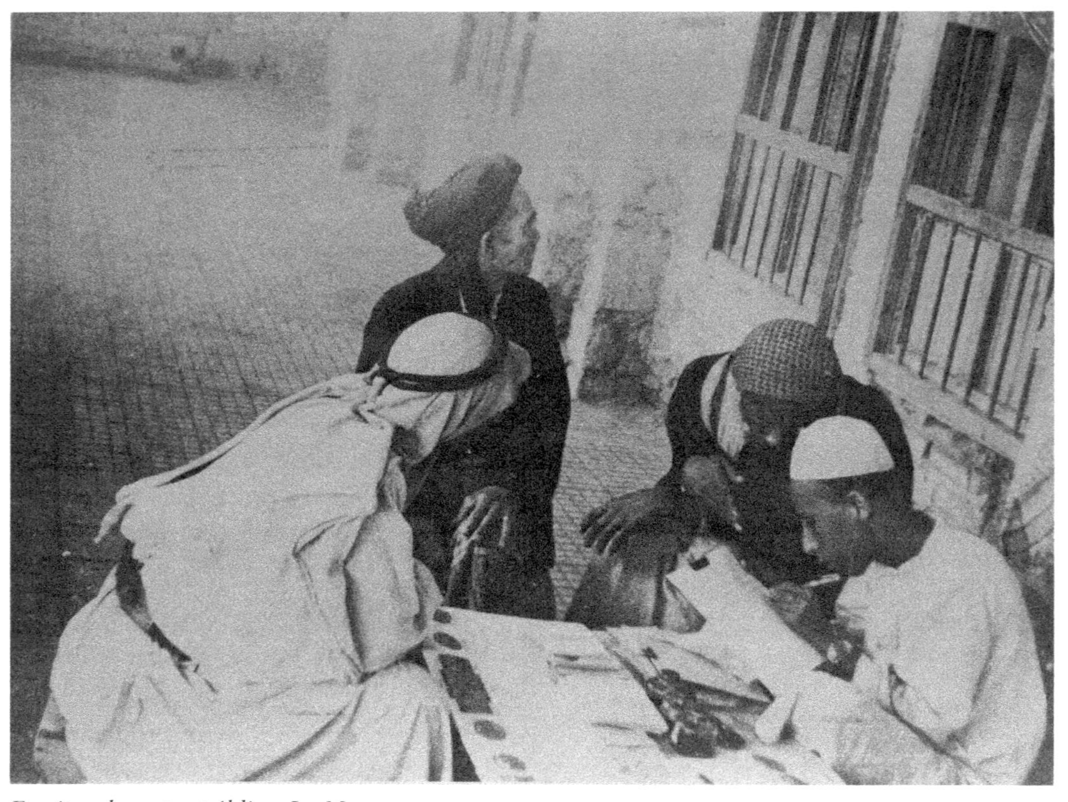

Escritor de cartas público, La Meca

Por primera vez, mientras los fieles vestidos de blanco se alineaban contra la baranda, escuché el inmemorial canto peregrino que sería repetido nuevamente unas mil veces durante mi estadía allí: "*¡Labbayk, Allahuma, Labbayk!*" ("¡Aquí estamos, Oh Señor, aquí estamos!")

Resplandeciente en su blancura, forjada en coral más allá de aquellos traicioneros arrecifes a través de los cuales los barcos no pueden llegar a su muelle, Yeda nos llamaba; y también La Meca, a solo ochenta kilómetros por el desierto hacia el este.

Entre los vítores de la tripulación y el canto de la primera sura del Corán ("La Apertura"), nos subimos a pequeños botes y fuimos transportados a los muelles donde anualmente desembarcan más de cien mil musulmanes de Marruecos, Java y de casi todos los países orientales.

Incluso antes de que hubiésemos alcanzado la orilla, abundaban las llamativas evidencias de los contrastes en un Oriente cambiante. Encaramados sobre una saliente coralina dentro del puerto, los pescadores capturaban con cañas el alimento que constituye la mayor parte de la dieta proteica de los ciudadanos más pobres de Yeda.

Grandes carteles, escritos en árabe, indonesio y otra media docena de idiomas, proclamaban: *Peregrinos, Arabia Saudita les da la bienvenida*. Porteadores fornidos y bronceados, luciendo trajes enfajados que no han cambiado desde la época de Abraham, descargaban un barco pakistaní al compás de la tradicional y evocadora saloma de su oficio. Apiladas en altísimos montones, mercaderías de todo el mundo yacían esperando la inspección aduanera en los enormes edificios de hormigón que ya estaban en uso aun cuando los techos no habían sido colocados. Este era apenas un síntoma de la época de abundancia que las multimillonarias regalías petroleras norteamericanas habían traído a Arabia.

Cuando arribamos, el turcomano ya estaba llorando y hablaba de la arena metiéndose en sus ojos mientras nos dábamos la mano para despedirnos.

Antes de que Ibn Saud conquistara este país, la península estaba divida entre la austera parte norteña – Nejd – y esta, la sureña y relajada Hejaz. Aún hoy, treinta años después, el rey mantiene su capital en Riad – hacia el golfo pérsico – y las embajadas extranjeras acreditadas en Arabia Saudita deben permanecer por ley en Yeda, desperdigadas en sus elegantes mansiones alrededor de la curvada bahía interior.

Cada grupo de peregrinos se dirigió al abovedado Salón de Recepción de Peregrinos para el refrigerio, la identificación y la asignación de guías. Puse mis bolsos sobre el banco de la aduana y los abrí.

Mi cámara estaba colgada alrededor de mi cuello... pareciéndose mucho a uno de esos estuches de cuero para el Corán que llevan muchas personas religiosas.

No había esperado ningún tratamiento especial; pero apenas presenté mi pasaporte, un sheikh de la Administración de Hospitalidad espléndidamente ataviado se hizo cargo de mí. Fui escoltado dentro de un moderno automóvil norteamericano y conducido rápidamente a través las deslumbrantes y ultramodernas calles hasta el *Diafa*, los apartamentos para huéspedes del rey.

Ingresando a la fría vastedad del Salón de recepción, espesamente alfombrado, sentí cierto reparo en dar mi nombre completo al supervisor. Imaginé que esta figura vestida de blanco, que lucía la diadema hecha con pelo de camello de los beduinos, podría albergar algún tipo de antagonismo para con los descendientes del Profeta debido a motivos políticos. Yo sabía que los saudíes no permitirían ninguna clase privilegiada y esperé algún tipo de reacción adversa. Independientemente de cómo haya sido alguna vez, ya no era así.

Fui anunciado a la concurrencia allí reunida con muchos títulos pretenciosos. Rostros graves y barbados, cortésmente serenos, se levantaron y nos besamos las manos unos a otros.

Cuando llegué al medio de la herradura formada por sillones que conformaban la asamblea, un gigante anciano de barba roja notó mi titubeo. "Soy el doctor al mando de la cuarentena", me dijo con un dejo de Edimburgo en su excelente árabe. Como todos los extranjeros en Arabia Saudita, lucía la túnica blanca y el amarronado manto beduino tejido con pelo de camello kuwaití.

Más tarde me encontraría con muchos de tales hombres: ingenieros, doctores, científicos procedentes del Reino Unido, Norteamérica, Checoslovaquia o Francia; ahora funcionarios saudíes y notablemente asentados en sus personajes adoptados, conocidos localmente como *Musta' Arabin* – los "arabizados" –, al igual que Robert de Chester y Michael Scot eran conocidos como Musta' Arabi en la España mora de una época pretérita.

Pensándolo bien, es difícil decir por qué al principio uno debería sentir que este cambio es tan extraño. ¿Por qué debería darse por sentado que un árabe puede vivir en el Reino Unido como lo hacen los británicos y sin embargo lo opuesto aparenta ser tan inusual o difícil?

Envié un radiotelegrama a Riad para el rey, anunciando mi llegada y declarando que estaba listo para volar a la capital y rendirle homenaje después de realizar mis deberes esenciales de peregrinaje en la Ciudad Santa.

El nuevo edificio del correo desde donde mandé este mensaje fue una revelación. Las actuales construcciones árabes en Yeda están hechas con una mezcla de los estilos antiguos y occidentales, y equipadas con lo que parece ser una completa despreocupación por los costos. La calle Faisal (llamada así por el rey Faisal, previamente virrey de Hejaz) atraviesa el centro de la ciudad nueva llegando hasta los muelles; y al otro extremo de la ciudad se une a la Vía del Peregrino, el camino recientemente macadanado que conduce hacia La Meca misma.

Dominados a ambos lados por inmensas estructuras de concreto y acero – departamentos, bancos y edificios administrativos –, estilizados Cadillacs atraviesan trepidantes su extensa longitud. No encontrarás muchos lugares como Yeda en Medio Oriente. Sin embargo, a pesar de la casi desconcertante oferta de productos y máquinas occidentales, Yeda aún conserva mucho de esa cualidad indefinible que incluso los sociólogos no pueden analizar y que hoy debemos todavía denominarla como la magia de Oriente.

Vestido con mi túnica de algodón sin costuras, sandalias en los pies y la cabeza descubierta en una temperatura de 45 grados, me lancé a explorar la zona. Este es el atuendo obligatorio para todos los que vienen a hacer el peregrinaje. Nadie puede lucir seda o cualquier cosa que muestre distinciones sociales.

Los cafés cosmopolitas de la ciudad, aunque sirven refrescos occidentales como también el áspero café nejdi, no atienden a una clientela superficialmente occidentalizada. Si bien el beduino del desierto de mirada feroz y armado hasta los dientes sí llama la atención cuando se lo compara con su urbano compatriota más sofisticado, tanto el bien formado ingeniero de radio o técnico en petróleo árabes y el miembro de una tribu salvaje todavía continúan ajustándose a la tradición inmemorial: el código que solamente parece hacerse más fuerte con el aumento de la prosperidad. Esto probablemente se deba a que la familia real estableció la costumbre.

El tradicional turbante, atado con cordones entrelazados, y un voluminoso manto de pelo de camello se mantienen como su herencia común.

El advenimiento de los periódicos y las radios, en efecto, parecen haber aumentado en el árabe la innata apreciación de su propio estilo de vida; esta es una de las cosas más llamativas acerca de la actual Arabia Saudita. A diferencia de muchos países orientales, los saudíes sienten realmente que están en un nivel de igualdad con todo el mundo.

Desde que los turcos fueron expulsados del país, durante la Primera Guerra Mundial, los árabes han desconfiado de los extranjeros y sus costumbres. Por esta razón, el rey Abdul-Aziz ibn Saud tuvo que combatir la esperable y natural reticencia de las facciones más conservadoras a acoger gente y máquinas que no podían entender del todo.

Por otro lado, el verdadero nómade del desierto siempre ha sido libre. Seguro en la salvajez de las arenas, siguiendo sendas del desierto solo conocidas por él, ha escapado ese miedo al intruso que acechó a los pobladores establecidos; y por lo tanto es de las filas de los beduinos de donde vienen los nuevos doctores, pilotos, mecánicos y técnicos del país.

Más allá de la embajada británica en Yeda yacen las antiguas mansiones que pertenecían a los príncipes mercantes, de múltiples pisos con sus enrejados delicadamente tallados en palo de rosa, entreabiertos para capturar cualquier brisa fugitiva. Evidencias del rol vigorizante de las regalías del petróleo surgen desde cada costado, en todos lados. Jefes beduinos con ojos de lince manejan autos tan modernos que no he visto nada igual ni siquiera en El Cairo o Beirut. Aquí uno siente que el Oriente se encuentra con el Occidente, y los dos se mezclan. Puede que las ondeantes túnicas estén hechas de nylon. Automóviles ultramodernos son tapizados con antiguas alfombras persas de incalculable valor.

Extendiéndose de este a oeste y de norte a sur, y aún manteniendo triunfalmente su carácter, se encuentra el gran conjunto de puestos representando innumerables oficios, conocido como el *suk*: el mercado que, según dice la tradición, estaba allí cuando los barcos del rey Salomón zarparon rumbo a la tierra de Punt; y donde una vez, trayendo el marfil de África para intercambiar por perfumes de Extremo Oriente, se detuvieron las caravanas de la reina de Saba.

Este mercado es verdaderamente oriental: una avenida de comercio a la vieja usanza, caótica, serpenteante y eminentemente colorida que acaso le parezca primitiva al ojo occidental. Pero aquí no solo puedes comprar los productos más finos de Birmingham y Detroit, sino también invaluables mercancías orientales. Estoy convencido de que no hay casi nada que no puedas comprar, examinar o pedir de cualquier taller del mundo a través del pintoresco *suk* de Yeda.

Compré algunas cosas, trabé amistad con algunos de los tenderos políglotas, nos contamos historias y bebimos innumerables tazas de té sin leche o café saborizado con cardamomo.

Sin embargo, como alguien enfocado en sacar fotografías de La Meca y con mi peregrinación casi sobre mí, tuve que obtener ciertos datos para esa ocasión vital.

Tomé mediciones ligeras de las sombras y la luz solar en varios momentos del día; estimé el tipo de lente que necesitaría para el trabajo; y pensé en diferentes maneras de ocultar la cámara.

Los problemas técnicos fueron considerables. ¿Cómo revelar las películas en ese calor sin hielo? ¿Cómo ocultar la cámara y, sin embargo, poder verla? ¿Cómo superar el inconveniente de que el motor interno del aparato hacía un terrible clic cuando se tomaba una foto? Si no revelaba las películas allí, por ejemplo, ¿cómo saber si había obtenido resultados adecuados? Tomé varias fotos furtivas en Yeda, y las revelé en mi baño en la *Diafa*. El calor era tan tremendo que la emulsión se agrietó y se desprendió en forma de gelatina.

Fui a una farmacia y pedí formalina o alumbre para endurecer la película, pero me dijeron que debería tener una receta médica: "¡Ambos son venenos peligrosos!"

Había una tienda de fotografía en Yeda, pero no quería pasar mucho tiempo allí pues los peregrinos no deberían interesarse en las cámaras. Podrían haber revelado las películas para mí al regresar, pero eso significaría que el secreto quedaría expuesto. Finalmente ordené hielo, y usé esto. Se corrió el rumor de que yo era un bebedor secreto: el alcohol está totalmente prohibido en Arabia Saudita, ya que está en contra de la fe islámica. En última instancia decidí hacer mi peregrinación al Santuario y luego regresar para tomar fotografías, después de examinar las posibilidades de la luz y el alcance de la vigilancia ejercida.

Esto significaba que ahora debía limitarme a los deberes de la Peregrinación, y nada más.

En la autopista Yeda-La Meca verás, a unos tres kilómetros saliendo de Yeda, un enorme palacio futurista a la vera del camino. Durante el día, banderas de tonos abigarrados flamean desde una especie de mástil montado sobre la torreta más alta. A la noche hay un incesante e incansable parpadeo de señales luminosas. Si has alquilado un auto, camión o una furgoneta, puede que tu chofer murmure cuando pase por este lugar: "¡Larga vida a Ba-Khashab Pasha y a todos sus hijos!", casi como si fuese una invocación; se detendrá para tener una conversación apurada con un árabe de aspecto formal en una ventana del muro del palacio. Al regresar esa misma noche a casa, cuando las luces titilantes sean visibles, bajará la intensidad de los faros de su vehículo como saludo. Día o noche, la organización de Ba-Khashab Pasha está intercambiando señales con su flota de automóviles.

Una vez Ba-Khashab fue un hombre humilde y ordinario, en algún lugar de la costa saudí, que intentaba ganarse la vida alquilando camellos. Hoy, con la enorme expansión del transporte y la demanda de vehículos de todo tipo, el Pasha (nadie sabe dónde consiguió el título, dado que no es uno saudí) ha llegado tan alto que podría darse todos los lujos... si no fuese el trabajador que es. Es petiso, de mediana edad, ágil, risueño y agradable; y cuando fui a verlo me preguntó qué posibilidades había de que su hijo ingresara en Eton o en Oxford.

Su caso podría multiplicarse por cientos a lo largo de casi toda la península arábiga. Una nueva clase de árabes ha madurado: el contratista, el gran agricultor, el industrial. Es cierto que algunos sheikhs y la vieja aristocracia también se han beneficiado con la nueva prosperidad. Pero los dos grupos no se mezclan nunca, aunque tengan una función vital en la Arabia actual. "Ve al norte, a los campos petrolíferos de Dhahran, si quieres ver acción", dijo Ba-Khashab. "Esos norteamericanos ciertamente son trabajadores. ¿Y por qué son exitosos? Porque sin saberlo han aplicado los principios del Islam, del Profeta que dijo: "¡Me considero un trabajador!"

Un norteamericano con quien hablé poco después me dio su versión del asunto. "El típico árabe está aprendiendo ciertamente rápido. Seguro que es trabajador. El modo de vida norteamericano ha calado muy profundamente."

Así que puedes elegir. La verdad yace probablemente en algún punto entre los extremos. Al árabe no le gusta trabajar sin saber que será recompensado; y debe serlo, si es posible, con algo que realmente valga la pena. Es, en un sentido, un capitalista natural.

Cuando los norteamericanos vinieron a los campos saudíes, no solo ofrecieron sustanciosas regalías incluso antes de que el primer pozo hubiese sido perforado: suministraron una clara esperanza de que no solo el gobierno se beneficiaría de un porcentaje de todo el petróleo extraído, sino que habría empleo y oportunidades para compañías locales. Entonces sí, árabes y norteamericanos podían hacer negocios.

Los norteamericanos eran – y aún son – extremadamente sensibles acerca de su posición en Arabia Saudita. A cada uno de los 12.000 empleados extranjeros de la Arabian-American Company[2] se lo educa, entrena e instruye en los principios de la fe islámica y las sutilezas de las costumbres árabes. Entre ellos, a ningún norteamericano se le ocurriría aventurarse en lugares donde la compañía petrolífera no tuviese derecho a estar; e incluso entonces vive luciendo sus túnicas y su turbante, como un árabe nativo del desierto.

Los norteamericanos están en una posición ventajosa. De Dhahran y los desiertos aledaños se extraen un millón de barriles de petróleo *diarios*. La *Aramco* está sentada, tal como se me dijo, "justo arriba del campo petrolífero más grande del mundo."

El haber establecido esta cabeza de puente en la severa zona wahabita de Arabia debe ser contada como una de las mayores victorias del comercio occidental. Acaso podría decirse, desde el punto de vista del capitalismo puro, que ha sido una victoria trabajosa; aunque no estoy sugiriendo que los norteamericanos sientan que hayan tenido que dar demasiado. Lo que sí puedo decir es que *Aramco* es una organización mediante la cual las ganancias del petróleo de las arenas han resultado en un reparto de los beneficios entre árabes y norteamericanos por igual. Los norteamericanos han construido la gran mezquita que es la atracción dominante del campo petrolífero saudí. Han perforado profundos pozos de agua en cientos de lugares para proveer de sustento vital a camellos y personas. Tienen su propio programa de entrenamiento técnico para saudíes, hospitales, clínicas, tiendas, misiones agricultoras y demás. Si bien es cierto que

2 *Hoy, la compañía es 100% saudí y es popularmente conocida como *Saudi Aramco* o *Aramco*.

un gran número de empleados extranjeros están en Dhahran, nadie sugiere que se contrate a un extranjero si hay un saudí que pueda hacer el trabajo. Incluso la compañía ha ayudado a que se establezcan contratistas locales, para luego ser patrocinados por Aramco.

Mientras que muchos de los emprendimientos que han resultado en una nueva prosperidad para la península saudí es directamente atribuible al espíritu y a la obstinada determinación de los norteamericanos, puede decirse que definitivamente la enorme personalidad de Abdul-Aziz Ibn Saud ha sido el poder detrás de casi todo lo que se ha logrado durante los últimos treinta años.

Para poder entender esto completamente, será necesario hacer una referencia a la posición de Arabia en un mundo cambiante.

Según la tradición árabe, el primer hogar de la humanidad fue en algún lugar de la península. Algunos señalan a Adén como el lugar del Jardín del Edén; otros, que la supuesta tumba de Eva no queda lejos de Yeda. También se cree que la Kaaba de La Meca fue primero construida por el mismo Adán, basada en un modelo de una casa de adoración en el Paraíso que los ángeles circunvalaban incesantemente alabando a su Señor.

Además, los árabes de hoy afirman ser descendientes de Abraham a través de Ismael; quien, sostienen, era el hijo ofrecido por el patriarca a Dios. Abraham reconstruyó la Kaaba, el sagrado santuario de Arabia, como muestra de arrepentimiento por haber expulsado a Agar al desierto. De ahí la santidad del pozo de Agar en el santuario: el Zamzam, el cual se cree que es el mismo manantial que Dios hizo surgir para socorro de Agar.

Es, por supuesto, bien sabido que tanto los árabes como los judíos son de origen semítico y que sus lenguajes derivan de una raíz similar. A primera vista, es probable que en tiempos pretéritos los árabes hayan seguido las costumbres religiosas hebreas.

Sin embargo, mientras que los judíos mantenían su monoteísmo en mayor o menor medida, los árabes cayeron durante las errancias tribales a través del desierto en una teología basada en un grupo de dioses. Estos tomaron dos formas: las deidades principales representaban al sol, la luna y los planetas; mientras que los menores eran tótems que protegían a tribus individuales.

La santidad de La Meca permaneció en sus observancias y el santuario (*Haram*) se convirtió en el hogar de 300 ídolos. Los ritos de peregrinaje, adaptados a la adoración de los dioses, continuaron ininterrumpidamente.

Este fue el período de la *Jahiliyya* ("Días de ignorancia"), que existieron hasta el siglo séptimo de la era cristiana cuando Muhammad predicó un regreso al monoteísmo.

Muhammad era, como es bien sabido, un miembro del clan más noble de los árabes, el Quraish, que eran los guardianes del santuario en el *Haram*. Fue en las montañas cerca de La Meca donde los primeros capítulos del Corán (literalmente "La Recitación") fueron revelados a Muhammad, tal como creen los musulmanes, por el arcángel Gabriel.

Según este mandato, a Muhammad se le ordenó guiar a la gente fuera de la ignorancia, decirles que adoraran a un solo Dios y que siguiesen el código de moralidad y la ley: lo cual, dice el Islam, ha sido llevado a cabo a través de sucesivos profetas; "Cada nación ha tenido su Exhortador" es el dicho. Es por ello que al Islam, que significa "sumisión a la voluntad de Dios", no se la considera una religión nueva. Según el Corán es la manifestación moderna de la predicación de Moisés y Jesús. Así el Islam reconoce a la religión judía, al igual que lo hace el cristianismo, pero también acepta a Jesús, a quien los judíos no aceptan, bajo el estricto fundamento de que era un *hombre* inspirado divinamente y no un ser divino.

Todo esto tiene una influencia definitiva en la historia árabe y mundial tras la misión de Muhammad.

Después de las persecuciones y dificultades comunes a todos los grandes maestros religiosos, Muhammad descubrió que su predicación finalmente había convertido a casi toda Arabia; pero el Islam era para todo el mundo: esto es fundamental. Entonces debía ser esparcido. Cuando murió, Muhammad justo había completado su intercambio de cartas con gobernadores vecinos, solicitándoles que aceptaran al Islam.

Bajo los sucesores inmediatos de Muhammad, las tribus árabes – unificadas por primera vez en la historia – manaron desde los desiertos y conquistaron todo el norte de África hasta el Atlántico, todo el sacro imperio romano y lo que actualmente es Turquía, Irán y Afganistán. Bajo dinastías sucesivas, el Islam se convirtió en la fuerza más poderosa sobre la tierra. Los musulmanes llegaron hasta las fronteras de Francia y Austria, se adentraron en lo profundo de China, dominaron a toda la India, marcharon sobre las estepas rusas. Durante muchos cientos de años los centros islámicos de enseñanza recuperaron y desarrollaron ciencias perdidas, y se convirtieron en polos de atracción para buscadores de conocimiento en todas partes. Para entonces el Islam se había vuelto una civilización mixta como también una religión y un tipo de orden social. Con el ingreso de los elementos persas, indios y europeos se había producido una síntesis.

Luego vino la destrucción de la fuerza militar y cultural del nuevo estado mundial. La irrupción de las hordas de mongoles paganos desde Asia Central demolió a los musulmanes, hundiéndolos en su propia sangre y bajo las ruinas de sus ciudades, granjas y universidades. El Islam nunca se ha recuperado del todo de este golpe. Es cierto que al final los mongoles aceptaron al Islam, pero fue tanto lo que se perdió que revivirlo llevó casi ochocientos años.

Arabia Saudita se vio sometida por la Turquía otomana. Aislados en sus bastiones desérticos, a los beduinos apenas los afectaba lo que sucedía en el mundo; pero cuidaron su herencia: la posesión del Corán y el conocimiento de que su poder se había extendido desde España hasta China bajo la protección árabe y musulmana.

Los turcos fueron expulsados de Arabia gracias a una alianza entre los beduinos, los árabes del Hejaz y los británicos, en cuya rebelión T.E. Lawrence desempeñó un rol importante.

Pero la zona norteña, hogar de los wahabíes, nunca había estado realmente bajo control efectivo de los turcos. Incluso antes de la primera guerra mundial, los Saud – la familia de Ibn Saud – estaban trabajando y luchando para retomar el control de Nejd, su antigua patria.

En 1902, el veinteañero Abdul-Aziz Ibn Saud había capturado el norteño fuerte de Riad. Los descendientes del Profeta, que eran gobernadores nominales de La Meca en el sur y habían cooperado con los británicos para liberarse del yugo turco, tuvieron que irse y establecieron sus propios reinos pequeños en Irak y Transjordania. Saud se hizo virtualmente dueño de toda la península arábiga.

En el primer período de la reorganización del país pacificó a las tribus bajo el estandarte de Saud el Grande. Luego el "decadente" sur fue severamente castigado y todas las "extravagancias" fueron suprimidas. Por ejemplo, las cúpulas y minaretes fueron allanados por ser importaciones foráneas al espíritu simple del Islam.

Pero Ibn Saud no podía seguir avanzando con sus grandes planes de desarrollo y mejoramiento de la vida de siete millones de árabes sin contar con más dinero del que cualquier árabe podría concebir en aquel entonces. Durante casi veinte años Arabia Saudita dependía únicamente de los derechos aduaneros y los pocos millones de dólares que cada año los peregrinos traían para sus gastos.

Entonces, en 1933, el rey Abdul-Aziz acordó con compañías norteamericanas para que hicieran perforaciones buscando petróleo. Un veterano de aquellos días me dijo que los geólogos estaban convencidos de que aquí, en algún lugar del salvaje y hostil territorio wahabí, yacía el depósito más grande del mundo. Pero localizarlo les llevó cinco años de perforaciones al azar. Después de esto, Arabia Saudita nunca tuvo que mirar hacia atrás.

Arabia era noticia de tapa. En los días inmediatamente previos a la segunda guerra mundial, alemanes, italianos e incluso los japoneses peleaban por petróleo y concesiones comerciales. Los reportes indicaban que el Reino Unido y Estados Unidos estaban enfrentados porque, según se decía, el Reino Unido consideraba que debía tener una mayor participación en el negocio petrolero. Ibn Saud resistió todo. Durante la última guerra fue uno de los pocos estadistas neutrales que apoyó consistentemente la causa aliada.

Cuando Vichy mantuvo a Siria bajo un incómodo dominio pro-Eje y Rashid Ali el-Gailani encabezó la revuelta en Irak, todo parecía perdido para las Naciones Unidas. Ibn Saud, tal como se me dijo en Riad, pudo fácilmente haber puesto su suerte en manos de los alemanes y hubiese tenido muy poco que perder. Privadas de su petróleo, las flotas británicas, norteamericanas y la marina mercante habrían quedado paralizadas en esta parte del mundo. Los japoneses hubiesen podido establecer un lazo con los alemanes a través de la costa árabe, haciendo que la ruta de Suez entre la India y Europa fuese completamente imposible. Irán habría sido fácilmente rodeada. Incluso si los alemanes hubiesen ganado la guerra, los árabes creen que es tal el valor de los campos petrolíferos en Dhahran y otras locaciones en Nejd, que podrían haber negociado una paz basada en la seguridad de los pozos; pues, más allá de lo fuertes que acaso sean los norteamericanos en esta zona, ni una gota puede ser bombeada sin la activa amistad árabe. Esta cooperación solo podía suceder por medio del régimen saudí; pero Saud había dado su palabra.

Este resumen de la historia árabe ha apenas dado cuenta de los hitos. La historia de vida de Ibn Saud, por ejemplo, es uno de los clásicos relatos del mundo acerca de un hombre batallando contra dificultades que, mientras las lees, parecen demenciales.

Igualmente, el hecho de que la familia real saudí sea fabulosamente acaudalada no significa que se hayan enriquecido con el petróleo a costa de los demás. Es completamente al revés.

Visualiza la posición de Arabia Saudita en 1938 cuando estaban entrando las primeras regalías. Aquí estaba un país casi tan desfavorecido como cualquier otro en el mundo. No había caminos, casi sin electricidad, sin aviones, fábricas, industrias, bancos, seguros, seguridad pública, moneda nacional, higiene, alcantarillado. Había solamente un periódico y ni una estación de radio. La educación recaía sobre clérigos viejos – y por lo general ciegos – que les enseñaban a los niños el Corán de memoria. No había materiales de construcción disponibles excepto barro y un poco de madera. ¿Dónde empezarías? Había solo una forma de hacerlo: Ibn Saud lo compró todo él mismo.

Se rodeó de todo el talento que pudo encontrar. La mayoría de esos hombres aún estaban con él cuando realicé esta visita y tuve el privilegio de conocerlos. Estaba el sheikh Abdullah el-Fadhl, el cerebro financiero; el sheikh Hafiz Wahba, el astuto diplomático egipcio; el sheikh Abdullah Sulaiman, del norte, a cargo de los asuntos económicos; y Fuad Bey Hamza, el sirio, quien llevó adelante al país durante muchas crisis.

Al aconsejar a Rashid Ali que no iniciase acción militar alguna contra el Reino Unido, está registrado que Saud dijo: "... soy un amigo incondicional del Reino Unido, habiendo heredado esta amistad de mi abuelo, Faisal Ibn Turki. Cuando un amigo está bajo presión, entonces, por el bien de la amistad, uno no actúa en contra de él. Personalmente, si tuviese el suficiente armamento habría acudido en ayuda del Reino Unido y no actuado contra él. A excepción del asunto de Palestina, el Reino Unido no hizo nada contra los intereses árabes y la guerra actual es una de vida o muerte. Entonces nuestro deber, si somos incapaces de ayudar al Reino Unido, es ser neutrales. Esto es lo mínimo que puedo hacer."

Aunque finalmente el rey Ibn Saud le declaró la guerra a Alemania y Japón, no permitió que ello afectara en absoluto el ancestral código de hospitalidad árabe y musulmana. A aquellos árabes que habían apoyado a las potencias del eje durante la segunda guerra mundial y acudido a él en busca de asilo, huyendo de los aliados, se les concedió protección incondicionalmente...

Cuando después de ver al rey regresé a Yeda desde Riad, se me comentó extraoficialmente algo que había ocurrido justo antes de que viese a Su Majestad.

A alguien se le había ocurrido la idea de que yo era un espía de cierto tipo y este rumor había llegado a los oídos del rey. Ibn Saud le rugió a su informante frente a toda su corte: "¡Este es nuestro invitado! Si es un espía, ¡déjenlo espiar! No será capaz de combatir la fuerza de nuestra fe, que es lo más poderoso que tenemos; y si no es un espía, tal como yo creo, entonces Alá te castigará con todo Su poderío, pues no hay piedad para los intrigantes!"

Pero yo no sabía de los susurros que me habían precedido a la corte y continué mis preparaciones para viajar rumbo a La Meca, hacia el santuario de la Piedra Negra.

CAPÍTULO VIII

El santuario de la piedra negra

La ciudad estaba llena de alborotados peregrinos: viejos y jóvenes, hombres y mujeres, blancos, amarillos y negros. Abarrotaban las partes nuevas y viejas de la ciudad, buscando provisiones para el viaje hacia La Meca, organizando transporte a la Ciudad Sagrada, esperando amigos con quienes habían acordado encontrarse en La Meca acaso hace años y a miles de kilómetros de distancia.

Aunque un gran número de peregrinos marche rumbo al sur hacia La Meca por la austera ruta a través del desierto de Nejd, la mayoría entra en Arabia Saudita por Yeda, sea por mar o gracias al nuevo e impresionante aeropuerto. La transformación que toda esta gente experimenta apenas llega al país sagrado tiene que ser vista para creerse. Hay un dicho de que la peregrinación hace mejor a un buen hombre; pero que a un mal hombre lo puede hacer mejor o peor. Cualquiera que sea la verdad de esto, no cabe ninguna duda de que una fuerte emoción, sin parangón con nada de lo que uno haya sentido previamente, fascina incluso a los musulmanes más occidentalizados cuando ponen un pie sobre suelo "secular" – o la arena – de Yeda.

Además de los vuelos regulares de *Saudi Arabian Airlines* y otros arribos programados, el aeropuerto de Yeda recibe una infinidad de vuelos chárter desde la India, Pakistán y otros países árabes, incluso de la lejana Indonesia.

La atmósfera real de la ciudad difiere poco respecto a la de muchas otras ciudades de cierta importancia en el Medio Oriente. El mismo sol feroz está aquí, azotando a una mezcla de edificios modernos hechos de acero y concreto, entremezclados con aquellos de tipo turco y árabe del Mar Rojo. Cafés con terraza, casas de cambio, vendedores de golosinas y refrescos: todos están aquí. Sin embargo, hay una población no musulmana más pequeña que en la mayoría de las ciudades árabes. Una parte de la ciudad contiene las magníficas embajadas y consulados, a los que no se les permite establecerse en la capital – Riad –, ya que según la resolución wahabí ningún no-musulmán puede vivir ahí.

Es entre los peregrinos que existe el extraño sentimiento supramundano. Después de que hubo pasado la primera excitación del ansiado arribo al suelo saudí, hice el juramento formal – *niia* – que todo peregrino realiza y me sentí aislado de una forma particular del resto de la humanidad. Cosas como el hábito de fumar, el preocuparme de qué habría de suceder dentro de una hora o incluso mis planes futuros: todo parecía difuminarse en una agradabilísima insignificancia.

Dejé de escribir mi diario y me sentí casi impelido, por un sentido de comunidad con cientos de miles de compañeros en túnicas blancas, a leer y recitar pasajes de escritos islámicos. Uno sentía la necesidad de comunión con una fuerza más poderosa y vasta que la humanidad. Aunque una y otra vez se ha dicho que la mente humana necesita una especie de intermediario – sea un hombre, un palo, una piedra, un ídolo o una imagen – para concentrarse en la divinidad (ni qué hablar de comprenderla), nosotros, los peregrinos rumbo a La Meca, no sentíamos tal necesidad.

No estábamos allí para adorar a la Kaaba o la Piedra Negra. No adorábamos a ningún hombre ni dispensábamos derechos o un carácter divino a nada excepto a un poder que no podíamos visualizar y que no queríamos ni esperábamos poder ver. Sin embargo, en todos nosotros había un sentimiento de alegría y una excitación subyacente pues estábamos a punto de conseguir algo por lo cual todos habíamos trabajado: llegar a un lugar que era preciado para nuestros corazones. Estábamos al borde de la plenitud. Eso era lo que esperábamos; y esa era la naturaleza de la sensación que todos experimentamos cuando finalmente llegamos a La Meca Sagrada.

Traté de encontrar a todos mis compañeros de peregrinaje, de distintos orígenes sociales y de otro tipo. Sería difícil nombrar a un grupo étnico, una clase social o casi cualquier otro grupo que no estuviese representado. Además de las grandes multitudes procedentes de la India, Pakistán e Indonesia (de donde viene la mayoría de los peregrinos extranjeros), "coleccioné" kurdos, bosnios, hadendowas, tayikos y japoneses. Algunos habían sido judíos, otros eran antiguos cristianos; también conocí a un excomunista que había entablado una gran amistad con un hombre de negocios indio extremadamente rico que provenía de Kenia.

Con nuestras sandalias y nuevas túnicas blancas exploramos las fascinantes callejuelas de la parte antigua de la ciudad, discutiendo teología e historia islámica, e intercambiando anécdotas de nuestras vidas. Durante estas discusiones, mientras esperábamos que se organizase nuestro transporte hacia La Meca, pude observar con cierto detalle el cambio que estas personas habían experimentado a partir de su llegada, apenas unas horas o días antes, desde los más distantes confines del mundo.

Por lo que contaban acerca de sus vidas pude deducir que algunos de ellos, no hace tanto, habían formado parte de ese grupo completamente tedioso de intelectuales parladores de Medio Oriente que saben poco de un montón de cosas y que tienen que derramarlo todo apenas son capaces de ponerlo en palabras... cosa que no les lleva mucho tiempo.

Ahora, dedicados a realizar la visita a La Meca y lapidar a los antiguos ídolos del norte, hablaban y actuaban con una razonabilidad que estoy seguro habría sorprendido incluso a sus propias familias.

Había por lo menos tres acaudalados empresarios: uno de Mombasa, otro con intereses textiles en Bombay, el tercero era un propietario de barcos proveniente de Dacca. De razas e idiomas diferentes, conversaban en inglés. Estoy convencido de que, en cualquier situación de negocio, sus mentes agudísimas habrían obtenido un acuerdo que ninguna persona normal podría jamás igualar. Tenían ese acicalado aspecto próspero con lentes de carey, que en todo lugar es la estampa del magnate. Dos de ellos habían llegado en sus aviones privados. Sin embargo aquí, en la apacible noche de Yeda mientras estábamos sentados al borde de la curva bahía interior, sus pensamientos y reacciones no eran diferentes de aquellos de los gentiles sirvientes incultos que habían traído con ellos y cuyas tareas compartían.

Esta transformación por sí sola es, en mi opinión, una de las maravillas del peregrinaje. Aunque debo admitir que no estaba con un espíritu crítico, me impresionó mucho su franqueza y calma. En ningún momento percibí ni una sugerencia hipócrita ni una regresión a los asuntos mundanos que deben haber reclamado su atención diaria por más de veinte años.

Casi tan pronto como descendían sobre Yeda, los peregrinos marchaban hacia La Meca: a la Ciudad Santa rumbo al este. Como una espumante ola emergente, el mar de la humanidad continuaba yendo hacia adelante. Descalzos y cargando paquetes, montados en mulas y burros, posados bajo toldos armados sobre camellos, marchaban los fieles más pobres y los más anticuados. Camiones y autobuses, cada uno repleto de peregrinos y más peregrinos, y flamantes automóviles norteamericanos monopolizaban el centro de la carretera, transformando a la negra ruta macadamada en un colorido alivio en movimiento. Desde la devota muchedumbre de humanidad dedicada vino el rugido que parecía surcar la resplandeciente bruma de calor con una fuerza casi física: "¡*Labbayk, Allahumma: Llabayk*!" "¡Aquí estamos, Oh Señor, en Tu presencia!"

Mientras mi automóvil pasaba los principescos palacios oro y verde que se extendían más allá del centro de Yeda, la emoción del sonido y el movimiento de esa multitud casi increíble me sujetaron con una fuerza creciente.

Multitudes de devotos con túnicas blancas y cabezas afeitadas pasaban estruendosamente. Había varios cientos de soldados cantando al unísono, sus voces incisivas ahogaban por momentos a la letanía descoordinada de los transeúntes: "¡*Labbayk, Allahumma, Labbayk*! ¡*Labbayk, la sharikalak*: *labbayk*! ¡*Inna al-hamda, wa anniamata-la-ka w'al mulk*! ¡*La sharikalak*!"

Sentí brotar la sangre en mi cabeza mientras las palabras acentuadas se apoderaban de mi consciencia, por así decirlo, en una sujeción hipnótica: "¡Aquí estamos, Oh Señor, en Tu presencia! ¡Aquí estamos, aquí estamos… nadie es como Tú… ciertamente toda alabanza… todo poder es Tuyo: ¡Tú no tienes socio!" La indivisibilidad absoluta y la posesión de todo el poder son, según el Islam, atributos supremos que solamente pertenecen a Alá.

Mientras pasaban los camiones noté sobre sus costados la espada y la palmera: el emblema de Arabia Saudita; y bajo él está el lema, en letra árabe cursiva: "No hay Dios sino Alá, (y) Muhammad (es) el Mensajero de Alá."

Como aletargado contraste al movimiento intenso a lo largo de la carretera llega el interminable flujo blanco de los devotos caminantes, hombres y mujeres, niños y nodrizas, guías y sirvientes. ¿Por qué caminan? Muchos son pobres; sin embargo, la mayoría marcha estos últimos ochenta kilómetros hacia La Meca bien para cumplir una promesa o porque sienten que el ingresar en la Ciudad Sagrada a pie, tal como lo hizo Muhammad hace casi mil cuatrocientos años, va unido a una mayor humildad y devoción. Aunque era un conquistador, él caminó así con los Cuatro Compañeros hacia el santuario de Abraham para allí demoler a los más de trescientos ídolos y establecer la adoración de solo un Dios entre la gente de esta tierra.

Extendiéndose en la lejanía de cada horizonte más allá del camino, las ondulantes dunas formadas por la finísima arena amarronada son lo único que se puede divisar durante la mayor parte de este inhóspito y agotador viaje. Muy de vez en cuando hay una beduina que guía su camello hacia un pozo.

Monótona es la única palabra para describir la planicie sobre la cual nos estábamos moviendo. Nada se destacaba en el desierto para recordarnos de los siglos transcurridos desde que Arabia había producido un hombre que iría a convertirse en el inspirador de cientos de millones. Bien podíamos haber sido proyectados al pasado, a los mismísimos días de la Misión.

A medida que mis facultades comenzaban a agudizarse repentinamente, me volví consciente de la sorprendente variedad fisionómica entre la creciente muchedumbre. Uniformes en sus sábanas *ahram* sin costuras, los hombres con un hombro descubierto, casi parecía no haber dos personas que se pareciesen entre sí. Rubios y fornidos sirios y anatolios de tipo campero marchaban junto a pastunes de las montañas de narices aguileñas y largo cabello enrulado. Miembros de tribus sudanesas, de rasgos finamente esculpidos y marcas en las mejillas denotando su origen, avanzaban junto a los indios regordetes de rostro redondo, obviamente más acostumbrados a actividades sedentarias. Un javanés de apenas metro y medio de estatura era empequeñecido por una espigada mujer de cabello cobrizo que estaba pasando las noventa y nueve cuentas de un rosario ámbar pálido. Toda indicación de rango o distinción, manifestación de arrogancia o egoísmo, cada rastro de individualidad mezquina, había desaparecido.

Esta era una colección de gente como la que Hollywood jamás habría imaginado que se podía conseguir. Devotamente ansiosos a medida que indudablemente estaban por llegar a La Meca, no eran ni una chusma ni una azarosa reunión de compañeros de viaje; esto era evidente por su comportamiento. Si alguien tambaleaba, sus compañeros paraban y le daban una mano. No hubo un pánico descontrolado cuando volcó un camión y desparramó a sus cien ocupantes sobre los pacientes y afanosos caminantes. Aquellos que rodearon inmediatamente al vehículo se detuvieron y levantaron a los magullados. Nadie parecía estar herido de gravedad. Quienes venían detrás apenas hicieron un pequeño desvío sin abarrotar el lugar para ver la escena. La calma, bajo cualquier otra circunstancia o en cualquier otro lugar, habría parecido artificial. Aquí no le di más que un instante de mi atención.

Este camino es absolutamente de primera clase y se mantiene libre de arena por el incesante tráfico motorizado, pues no hay trenes en el sur de Arabia Saudita: aunque la vieja línea del norte (que fue destrozada por los árabes de T.E. Lawrence) está siendo actualmente examinada con vistas a ser puesta otra vez en funcionamiento.

Continuamos hacia adelante, pasando la interminable columna de humanidad, mientras la carretera trepaba abruptamente hacia las colinas manchadas de hierro más allá de las cuales yace la Ciudad Santa. Esta parte escarpada fue literalmente tallada en las rocas por topadoras que aún continúan trabajando en algunas zonas de la carretera.

El auto asciende a través de estos estrechos y retorcidos desfiladeros artificiales mientras algo como una breve ráfaga de viento delicioso parece moverse rápidamente para dejarnos atrás. De repente, después de una curva, surge un cartel escrito en árabe e inglés:

ALTO
ÁREA RESTRINGIDA. SOLO SE PERMITEN
MUSULMANES MÁS ALLÁ DE ESTE PUNTO

Los guardias saudíes, algunos portando las varas de caña típicas de Nejd y otros abrazando armas automáticas, se acercan para inspeccionar nuestras credenciales. Hombres pequeños y nervudos, su porte marcial es realzado por el uniforme caqui y la verde *kufiyya* árabe.

Organizar transporte, guías y mil y un servicios para hasta un millón de peregrinos es una tarea hercúlea llevada a cabo por la Administración del Peregrinaje sin contratiempo alguno. Los asuntos de identidad, documentación y cuarentena están tan bien atendidos que sentí un alivio enorme de no estar intentando pasar por este y otros puestos bajo falsas pretensiones. Se ha dicho que no-musulmanes han penetrado en La Meca sin ser detectados. Antes de creerlo, debería entrevistar personalmente a tal individuo. No es difícil obtener detalles casi completos del peregrinaje para luego escribirlo como si fuese una experiencia propia; pero dudo de que alguien que no sea musulmán haya efectivamente realizado el peregrinaje desde la época de Burton. Si bien digo que es posible que un impostor lo haya hecho, estoy bien seguro de que hoy las dificultades son muchísimo mayores de lo que eran durante los tiempos de soberanía turca. Arabia Saudita tiene a su disposición todos los métodos modernos de control y detección, y los usa.

Esto no quiere decir que "una cantidad sorprendentemente grande" no lo haya intentado, tal como me comentó un oficial de policía...

Después de este punto, a casi veintitrés kilómetros de la ciudad, las ruinas de fuertes turcos abandonados parecen rumiar en el abrasador silencio desértico. Estas fortalezas fueron erigidas por los otomanos como un intento de combatir la amenaza bandolera: pero fue necesaria la áspera y presta justicia de Ibn Saud para arrancar de raíz el bandidaje en Hejaz. Hasta que el Napoleón de Arabia tomó el control, bandas de ladrones solían abalanzarse sobre caravanas de peregrinos, saqueando y matando. La realización del *haj* era frecuentemente considerada una empresa tan peligrosa que, antes de partir rumbo a Arabia, los peregrinos hacían sus testamentos y decían un último adiós a sus familias. Sin embargo, dado que el peregrinaje es uno de los cinco pilares esenciales del Islam, su realización es obligatoria para todos los creyentes. Los otros cuatro pilares son la oración, el ayuno durante el día en el mes de Ramadán, el testimonio de la unidad de Dios y la misión profética de Muhammad, y el dar limosna.

Dentro de la zona prohibida, donde ninguna vida – incluso la de un animal – puede ser quitada, nos detuvimos para recitar las oraciones de agradecimiento.

Cerca del lugar donde otro de los fuertes turcos se desmorona ruinosamente en el olvido, el rey había erigido un refugio y un pozo para los fieles polvorientos. Este fue construido por las manos del mismísimo Ibn Saud, mientras que ahora otros están ubicados a intervalos regulares sobre la carretera.

Continuamos nuestra marcha. Ahora no podía estar lejos. Había una tensión visible en cada rostro mientras rebasábamos grupo tras grupo de caminantes figuras fatigosas que pasaban las cuentas de sus rosarios o recitaban pasajes del Corán, al cual muchos lo saben de memoria en su totalidad.

De repente, mientras acelerábamos a través de las rocas ígneas multicolores mas de apariencia austera, el panorama deslumbrantemente blanco de La Meca apareció ante la vista, extendida allí abajo y rodeada por sus siete colinas. El auto perdió velocidad cuando de los labios del conductor salía nuevamente esa alegre e involuntaria exclamación, repetida por cada peregrino: "¡Aquí estamos, Oh Señor!"

Así que esta era La Meca. Construidas en una hondonada, rodeadas por adustos riscos, las casas de varios pisos tienen desde lejos una apariencia extrañamente moderna; mas la impresión completa de la ciudad de piedra blanca contra la oscuridad surcada de los riscos tiene, ante los ojos del peregrino, una cierta cualidad intoxicante.

Recuerdo claramente mirar las casas, las amplias calles, las persianas de madera tallada y pensar: "Aquí estoy. No importa lo que pase, he visto La Meca. He llegado a La Meca. Esto es La Meca, la Ciudad..."

De haber estado a pie, estoy seguro de que me habría echado a correr y tirado sobre la arena y hecho alguna especie de demostración de alegría. El conductor había detenido el automóvil y estaba recitando el primer capítulo del Corán: "*La apertura*".

Miré hacia atrás para ver el efecto que La Meca iba teniendo sobre los otros peregrinos cuando la vislumbraban por primera vez. Puede que fuese debido al cansancio o a cualquier otra razón: pero la reacción inevitable al ver La Meca era que el peregrino se paraba en seco... quedaba petrificado. Al principio había en cada rostro una mirada de casi escepticismo. Luego surgía in crescendo el grito: "¡No hay Dios sino Alá, Muhammad es el Profeta de Alá!"

Resonaba y retumbaba a través de la creciente oscuridad: no era un canto ni una canción, ambas prohibidas por la austera actitud del Islam contra toda expresión exagerada en la religión. Era más como una exclamación de admiración, de esperanza, de realización... *LA ILLAHA ILLA ALLAH: MUHAMMAD AR RASUL ALLAH...*

Este es el *Tauhid*, la confesión de fe: el primer pilar del Islam. Esta es la frase que debería ser el primer sonido escuchado por cada bebé musulmán recién nacido, la sentencia que identifica a un musulmán ante otro, el "contrato" cuya repetición establece el momento de conversión de una persona a la fe. Es parte del llamado a la oración a lo largo del mundo del Islam y una porción de cada oración privada o congregacional. Es el lema de la casa de Saud, el grito de guerra de los Rif, de los turcos, los árabes, los afganos. Es también una de las frases que es usada en casi toda ocasión: durante casamientos, nacimientos e incluso muertes. Se supone que todo musulmán muere con estas palabras en sus labios...

Mientras la ordenada masa de humanidad surgía a borbotones y pasaba nuestro auto, ahora estacionado, el conductor pisó el embrague y partimos rumbo a la última etapa de un viaje que para todos nosotros había comenzado, en un sentido religioso, el día en que nacimos.

El agua abundante, perforada con la ayuda de maquinaria moderna, ha impactado considerablemente en la apariencia de la ciudad.

Hace dos décadas, apenas había un solo ejemplar de vegetación en La Meca. Este era "El árbol", y en aquel entonces a la gente se la llevaba a ver esta maravilla. Hoy hay jardines y palmerales por todos lados. Por lo general los occidentales, y aquellos que vienen de tierras más verdes, no valoran el agua. Piensa acerca de la bendición invaluable que es en el árido Oriente. No resulta extraño que, dándose cuenta de su valor, el árabe del desierto deje caer unas gotas del precioso fluido sobre la arena antes de saciar su sed, murmurando: "Deja que el suelo beba... ¡pues es mucho más importante que yo!"

Aún hoy, solamente uno entre mil musulmanes se las arregla cada año para llegar a La Meca; y menos de uno cada diez (en promedio) puede llegar allí durante su vida, a pesar de que el peregrinaje y la visita a la Casa de Alá sean una obligación para todos.

Después de una inspección final a nuestros certificados, se nos permitió entrar a la ciudad sagrada. Por todos lados había señales del progreso moderno: la construcción parecía ser casi la industria principal. El espacio disponible se está haciendo tan limitado, que las nuevas villas son construidas cada vez más alto sobre las colinas circundantes, las cuales de hecho sobresalen en algunos lugares proyectándose sobre las calles en forma de afloramiento escabroso.

Justo en el corazón de la ciudad se erige el principal lugar sagrado del Islam: la gran mezquita y el santuario de la Kaaba. Rodeado por muros enormes, este lugar está custodiado por feroces y vigilantes guerreros wahabíes. El vasto terreno está rodeado por imponentes minaretes desde los cuales se realiza la llamada a la oración, hoy en día transmitida por amplificadores a cada rincón del sagrado recinto. Al menos diecinueve portales arqueados, suntuosamente adornados con coloridos diseños geométricos, atraviesan las paredes del *Haram*: el santuario. Alrededor de los muchos cientos de metros de muralla circundante fluyen citas del Corán plasmadas en impecable caligrafía. La fotografía o la realización de cualquier tipo de retratos está absolutamente prohibida por la ley wahabí en esta zona sagrada.

Una vez dentro, a través de una de esos portales, el devoto se quita los zapatos y camina – ataviado solamente con su única sábana de algodón – hacia la imponente Kaaba envuelta en negro: el cubo, que está en el centro del Santuario. En sí misma, el área santificada es un rectángulo vasto y sin techo, rodeado en sus lados internos por columnatas arqueadas con la apariencia de claustros. Amplios senderos de mármol blanco se extienden radialmente desde la Kaaba hacia las diferentes puertas.

Aunque no hay sacerdocio en el Islam, la enorme cantidad de peregrinos extranjeros que llegan aquí sin un conocimiento de las oraciones habituales y los deberes ha hecho necesaria la institución de guías seculares, conocidos como *Mutawwifin.* Esto significa, "Aquellos que a uno le ayudan a girar". Muchos son trabajadores voluntarios y todos ellos son lingüistas consumados. Se dice que hay mil de estos guías, quienes conducen a los peregrinos en grupos organizados por nacionalidad a través de las ceremonias. Muchos son mercaderes pudientes con cierta inclinación piadosa.

Llegué a La Meca de noche; y tendría que esperar hasta la mañana para ver al *Mutawwif* afgano que habría de ser mi guía. Sin embargo, antes de comenzar el ritual de peregrinación en la Kaaba, decidí visitar el santuario.

Atravesé caminando el mercado cubierto y brillantemente iluminado que se extiende a lo largo de uno de los muros externos del recinto de la Kaaba, hasta el portal donde están ubicadas las tiendas de los libreros. Mientras me acercaba a la entrada, el creciente murmullo de miles de voces repitiendo sus oraciones se desvaneció en mi consciencia cuando vislumbré, alejado más allá de una hilera de pilares imponentes, envuelto en negro al cubo de granito realzado en brillante relieve contra su entorno de mármol.

La luz eléctrica ha reemplazado a las viejas lámparas de aceite del *Haram.* Incluso en su brusca brillantez, el inmenso rectángulo conservaba esa cualidad mágica de misterio y fascinación ultraterrenal que tan a menudo ha sido descrita por peregrinos.

Asombrado me detuve; mis sentidos casi conmovidos, yo por cierto profundamente afectado. Un grupo de peregrinos recién llegados, liderados por su *Mutawwif*, me pasaron y lentamente rumbearon hacia el cubo por la senda de mármol. Pronto se habían mezclado con las incesantes figuras que ya estaban haciendo la circunvalación levógira del lugar más sagrado del Islam.

Caminé hacia esta *Qibla*, el punto hacia el cual todo musulmán se vuelve cinco veces al día para sus oraciones. Dado que yo aún no estaba lo suficientemente instruido en las observancias para unirme a las ceremonias, me ubiqué en una posición reverente a unos diez metros del cubo para decir las dos oraciones habituales de agradecimiento.

Es tal la extensión pasmosa del santuario, que este – el objetivo del corazón de cada peregrino – parecía el lugar menos abarrotado de La Sagrada Meca. Alejados, a mi derecha, había unos doscientos peregrinos africanos que estaban haciendo sus reverencias hacia la Kaaba; sin embargo, parecían ocupar apenas una parte infinitesimal del recinto.

Cerca de la Kaaba está el "Lugar de Abraham", donde supuestamente el patriarca se paraba para decir sus oraciones. Antiguamente, cada una de las cuatro escuelas tradicionales del Islam tenía su propio lugar de oración, detrás de los cuales se colocaban los seguidores Hanafi, Hambali, Maliki o Shafai, según fuese el caso. Desde que los puritanos wahabíes se hicieron cargo de La Meca, estas distinciones han sido abolidas; aunque las construcciones (más bien pequeños arcos) siguen en pie.

Unos pocos metros más adelante está el Zamzam: el pozo sagrado que según la creencia se originó con el manantial que surgió milagrosamente para saciar la sed de Agar y su hijo en el desierto.[3] Todos los peregrinos beben esta agua. Algunos remojan la punta de su túnica *Ahram* en ella, en el evento de que sea utilizada como mortaja. Día y noche estos lugares, como las puertas, son patrulladas por los guardias

[3] Génesis XXI, 19.

saudíes con sus bastones, alertas ante posibles infracciones del decoro habitual.

No había señal alguna de las numerosísimas palomas que abarrotan el santuario durante el día. Una cosa particular acerca de ellas es que nunca profanan la cubierta de la Kaaba, incluso cuando un movimiento entre los peregrinos a menudo hace que revoloteen por sobre sus cabezas. Tampoco, pude observarlo más tarde una y otra vez, se posan sobre el cubo mismo; aunque de vez en cuando los senderos, la arena, el cobertizo del pozo y los toldos están todos cubiertos de pájaros que se posan pavoneándose. Estas peculiaridades han sido notadas durante siglos. Fui tan incapaz como mis predecesores de encontrar una causa para este inusual comportamiento de los pájaros.

Apenas un grupo de peregrinos se alejaba de la Kaaba, otro tomaba su lugar. Día y noche a lo largo de los años, los fieles están siempre atravesando este circuito, caminando incesantemente alrededor de la Kaaba, haciendo súplicas especiales, entonando las oraciones apropiadas, besando la Piedra Negra que está ubicada en la parte baja de la esquina sureste.

Muchos – si no todos – de los residentes de la ciudad vienen aquí en algún momento durante el día para realizar esta ceremonia llamada *Tawaf*.

Incrustada en un engaste de plata dentro de la matriz granítica de la Kaaba está la famosa Piedra Negra. Su historia es interesante, pero generalmente incomprendida por quienes no son musulmanes.

La piedra es besada por todos los fieles después de la séptima vuelta al cubo. Cada vez que la pasa, el peregrino levanta sus manos, con las palmas hacia arriba, extendiéndolas hacia ella. Esta atención que se le dispensa a la Piedra no es un acto de fe o adoración, sino debido a que es la única reliquia superviviente que ha sido tocada por el profeta Muhammad y porque supuestamente fue arrojada desde el Cielo como un signo para Adán. Se dice que su origen es meteórico, pero estoy completamente convencido de lo contrario.

En primer lugar no es negra, tal como pude ver más tarde a la luz del día, sino más bien del color y apariencia del ámbar oscuro. Toqué la superficie, que claramente no es pétrea ni metálica; diría que está compuesta de una sustancia completamente desconocida que podría reconocer otra vez pero que no puedo describir mediante analogía. Parece tener características perceptibles que desafían una definición pero que dejan una impresión distintiva en el ojo y las manos.

El profusamente bordado *Kiswa* (manto negro de seda que cubre la Kaaba) está cortado en la esquina de la Piedra Negra para facilitar el acceso al lugar. El engaste de plata mismo tiene un acabado extremadamente inusual y una forma de tazón invertido con un gran agujero circular dentro del cual uno tiene que poner la cabeza para besar la Piedra. En el centro hay un hueco de varios centímetros de profundidad, producido en la piedra por los besos de millones de peregrinos.

Hay una historia que se remonta a la época de Muhammad, la cual supuestamente registra uno de los primeros indicios de su sabiduría. Cuando era un niño hubo una disputa entre los cuatro clanes más importantes de La Meca para ver cuál debía tener el honor de nombrar a un jefe que volviese a poner la Piedra en el lugar del cual había sido quitada durante unas reparaciones en la Kaaba. Los ánimos se caldearon y finalmente – según la entonces invariable costumbre de consultar presagios – se acordó que la primera persona que entrase al santuario desde afuera sería aceptada como juez.

Resulta que esta persona fue el joven Muhammad. Cuando le informaron de la disputa, se preveía que favorecería al candidato de su propia tribu, los Quraish. En cambio, aconsejó que un jefe de cada tribu debía tomar una punta de una pesada tela sobre la cual se depositaría la piedra, para que pudiesen compartir la tarea equitativamente. El propio Muhammad levantó la Piedra y la colocó sobre la tela, para prevenir cualquier complicación en lo referido a quién le correspondía el derecho de realizar esta tarea.

Esta historia es una de aquellas que muestran que la importancia de la Piedra es anterior a la época de Muhammad; pero la piedra no pudo haber sido uno de los trescientos ídolos que Muhammad destruyó posteriormente, dado que no se le habría permitido dejar que sobreviviese ni siquiera uno: él mismo prohibió cualquier cosa que oliese a idolatría y está registrado que durante los primeros días del Islam, cuando la destrucción de ídolos estaba de moda, sus contemporáneos eran del tipo de figuras que habrían amargamente impugnado cualquier debilitamiento de la iconoclasia literal e intransigente.

El peregrinaje a La Meca era ya una parte establecida del deber religioso árabe mucho antes de Muhammad. La etimología del nombre de la ciudad se origina en una antigua palabra para "sagrado" y parece probable que en efecto este lugar estuviese íntimamente conectado con sucesos fundamentales de la religión semítica en tiempos de los cuales no tenemos registros históricos en el sentido moderno.

Muhammad no afirmó ser el fundador de una nueva religión. Según la creencia musulmana, él simplemente restauró el severo monoteísmo que le fue revelado a la humanidad a través de una serie de profetas, de los cuales Jesús fue uno de los más importantes. Esto explica, para los musulmanes, por qué ciertas prácticas de tiempos preislámicos fueron conservadas; y la misma explicación está implícita en el Corán. Por otro lado, estudiosos hostiles (o indolentes) de la religión afirman que el Islam fue desarrollado a partir del judaísmo y del cristianismo, conservando una cierta cantidad de religión puramente árabe. No hace falta decir que ninguno de estos argumentos es susceptible de comprobación.

Los ritos exactos del peregrinaje son estos: está la visita a la Kaaba y su circunvalación. Luego viene un circuito séptuple, que se hace descalzo, entre dos puntos conocidos como Safa y Marwa, que se dice que son las tumbas de Agar e Ismael. En un día determinado, todos los peregrinos parten rumbo a un lugar llamado Mina, a unos pocos kilómetros de La Meca, para allí lanzar piedras a tres pilares que representan demonios. Se ora en el monte Arafat y un animal es sacrificado en conmemoración de la ofrenda de Abraham. Entonces se rapa la cabeza del peregrino y hay un festival de tres días dedicado a una vida nueva y más pura. Cualquiera que complete estas observancias tiene derecho a ser llamado *Haji,* y por lo general descubre que es venerado en su comunidad nativa. En algunos países, aquellos que han hecho el peregrinaje usan un turbante verde u otra indicación de esta distinción.

Atravesando las abarrotadas calles regresé a mi hotel, "El hotel de la tranquilidad y el confort", donde se habían preparado apartamentos para los huéspedes oficiales. Construido en un estilo muy similar al morisco, su equipamiento y atmósfera eran completamente encantadores. Sirvientes y empleadores comían enormes porciones de arroz y carne en la misma mesa; de hecho, durante todo el tiempo que estuve allí, el comedor tenía el aspecto de un continuo festín enteramente democrático.

Mi habitación daba a un exuberante jardín de palmeras, más allá del cual podía ver la majestuosa altura de la residencia del ministro de economía nacional. Pasé unos minutos en meditación en el balcón enrejado.

El *Mutawwif* de los afganos me convocó temprano por la mañana. Nos guiaría a mí y a varias otras personas a través de las ceremonias de la Kaaba y Safa-Marwa. Alto, de barba gris, luciendo una túnica blanca y un turbante atado a la usanza afgana, fue recibido con gran respeto por todos: desde el gerente y otros funcionarios hasta el joven encargado del café.

Vistiendo una pieza de algodón sin costura alrededor de la parte inferior de nuestros cuerpos, con una segunda sábana similar (del tamaño de una toalla grande de baño) sobre un hombro, caminamos nuevamente hacia el santuario repitiendo – después del *Mutawwif* – el juramento que habíamos hecho de completar la peregrinación, y varias otras oraciones. Yo llevaba puestas – como los otros – un par de sandalias con el talón y el empeine descubiertos. El atuendo está diseñado para indicar decoro y humildad. Ninguna otra ropa o joyas pueden ser usadas. En tiempos preislámicos, los peregrinos árabes realizaban el circuito de la Kaaba completamente desnudos.

Ingresamos al santuario a través de la Puerta de Ali (yerno y sucesor de Muhammad) y atravesamos el recinto, abrasado por el sol, rumbo a la esquina de la Kaaba donde está la Piedra Negra, lugar en el cual comienza el *Tawaf* (circunvalación).

Uno por uno nos agachamos para besar la Piedra Negra. Luego, siguiendo al guía, comenzamos a girar levógiramente alrededor del cubo. Las primeras tres vueltas alrededor de la Kaaba se hacen corriendo, seguidas de cuatro vueltas caminando. La explicación de esto es que Muhammad y su pequeño grupo de seguidores, aunque estaban exhaustos, corrían alrededor de La Meca antes de que finalmente fuesen autorizados por los hostiles Quraish a realizar sus devociones allí. De esta forma intentaron mostrar su determinación y resistencia.

Cada vez que pasábamos la Piedra Negra, la besábamos. Cuando la presión para besar o tocar la Piedra era demasiado grande, los peregrinos levantaban sus manos, las palmas extendiéndose hacia ella, en un gesto similar al que se usa cuando se calientan las manos ante el fuego.

Aunque había un buen número de mujeres entre los grupos de peregrinos, la mayoría eran hombres. El atuendo de peregrinaje de las mujeres difiere del de los hombres, estando compuesto de un largo vestido blanco que cubre el cuerpo y los brazos pero que deja el rostro descubierto. A las mujeres no se les permite usar velos en el santuario. El uso del velo por parte de las mujeres, que se convertiría en una costumbre musulmana en la mayoría de los países islámicos, fue de hecho copiado de comunidades cristianas en Siria por los musulmanes durante sus conquistas en ese país. Sin embargo, era conocido en Arabia ya que algunas mujeres de las clases más altas lo usaban y por ende portaba un indicio de arrogancia que está prohibido durante el peregrinaje. En la práctica actual, mientras las mujeres de ciudad usan velo, las del desierto no. Medias blancas y guantes completan el vestuario femenino de peregrinación. El cabello debe estar cubierto. De paso, es interesante notar (ya que la supresión del velo es todo un tema para los movimientos feministas en el Oriente moderno) que ni en el Corán ni en las Tradiciones de Muhammad hay una prescripción clara a los efectos de que las mujeres deban usar velo. El pasaje coránico citado en defensa de la reclusión en realidad ordena que las mujeres creyentes observen el decoro y la modestia.

Besando finalmente la Piedra, fuimos hacia el "Lugar de oración de Abraham" para realizar otro rezo de agradecimiento. Es en este momento que todo devoto hace su súplica personal, pidiéndole a Alá aquello que está más cercano a su corazón.

Se dice que Abraham estuvo de pie en este lugar cuando estaba reconstruyendo la Kaaba (que según la leyenda fue erigida por el propio Adán, basada en la Kaaba que está en el Paraíso). Luego unos niños, elegidos para este honor entre las familias más nobles, trajeron agua del sagrado pozo Zamzam. Mientras tragaba el líquido de la grabada copa metálica noté que tenía un ligero gusto ácido, pero ciertamente no era amargo o salobre tal como se lo ha descrito en diversas ocasiones.

Después de esta parte de las ceremonias, los peregrinos deben esperar hasta el octavo día del mes de Dhul-Hijja para comenzar su viaje hacia Mina y Arafat.

Los rituales en la Ciudad Santa se completan con la carrera entre las dos pequeñas colinas de Safa y Marwa, cuyo recorrido sigue a uno de los muros exteriores del *Haram*.

Luego dejamos el *Haram* y fuimos al punto de partida del recorrido. Después de repetir el Testimonio de la Unidad de Dios (el Tauhid), entonado por nuestro *Mutawwif*, nos unimos a la multitud de peregrinos que corrían entre los dos puntos. A un lado yacía el poderoso muro del *Haram* y del otro había tiendas dedicadas en su mayoría a vender ítems tales como los rosarios blancos y negros, los cuales son reliquias muy preciadas del *Hajj*.

Una vez finalizada la ceremonia del *Sayy*, los peregrinos regresan a sus alojamientos o al santuario para esperar el octavo día del Dhul-Hijja y la expedición a Mina y Arafat.

La noche previa a la marcha hacia Arafat, el espacio rectangular del santuario presenta el espectáculo más impresionante que uno jamás podría ver. Aquí, cientos de miles de peregrinos se juntan para un rezo final. Vistas desde una de las muchas casas altas que dan al recinto de la Kaaba, fila tras fila de devotos agachándose y poniéndose nuevamente de pie, inclinándose desde cada costado hacia la Kaaba, presentan una exhibición de adoración concentrada que indudablemente no tiene parangón en ningún otro lado.

La misma impresión es otra vez inspirada por la Visita del Adiós, que ocurre al regresar de Arafat y del Sacrificio. Durante esta última ceremonia, la atmósfera está cargada con una emoción eléctrica. Dentro de muy poco tiempo – acaso unas horas, ciertamente no más de uno o dos días – el peregrino estará volviendo a enfrentar los asuntos mundanos, de vuelta a la realidad y a una vida cuya verdadera existencia aquí parece tener muy poca realidad. Hay, simultáneamente, una cierta tristeza y también júbilo. Ambas sensaciones tocan fibras íntimas durante mucho tiempo después, acaso de por vida; yo ciertamente aún las siento.

La expedición a Arafat es la parte más complicada y ritualística del peregrinaje. Los devotos comienzan a abandonar la ciudad para encarar la caminata de ocho kilómetros hacia Mina durante el octavo día del mes sagrado. Este éxodo es aún más impresionante que la entrada a La Meca, pues esta vez todos y cada uno de los peregrinos están presentes. La inmensidad de la muchedumbre no se parece a nada que yo haya visto o escuchado con anterioridad. Prácticamente cada ser humano de La Meca también está ahí. Las tiendas están cerradas, las calles desiertas. Parece como si la raza humana toda estuviese en movimiento. La noche del octavo al noveno día del mes se pasa acampando. Visualiza a un millón de personas en el desierto, todas bajo lonas y en el mismo lugar: ¿puedes? Es un espectáculo que agobia los sentidos: para que estos sean capaces de percibir solamente los hechos pequeños, individuales, contra la absoluta inmensidad de lo que está sucediendo.

Al día siguiente la multitud parte, recorriendo otros dieciséis kilómetros, hacia el Monte Arafat y acampa en la planicie alrededor de la montaña. En algún lugar, vistiendo su blanco peregrino, sin protección y muy a menudo irreconocible, está entre ellos el Rey de Arabia Saudita, Protector de los Lugares Sagrados.

Se dicen rezos en la cima de la montaña siguiendo el precedente establecido por el Profeta en su Peregrinaje de Despedida, hecho después de una premonición justo antes de su muerte. Luego tres pilares de piedra (los “demonios”) son lapidados, emulando a Abraham cuando hizo huir al demonio que intentó tentarlo aquí, tal como lo cuenta la tradición.

El décimo día del mes es el día del sacrificio, cuando cada peregrino debe donar un animal en conmemoración del acto en el cual Abraham le ofreció su hijo a Dios como sacrificio. Este es el comienzo de la Fiesta de Id El Adha, el Festival del Sacrificio, que se celebra al mismo tiempo en todos los países musulmanes. Los "demonios" son lapidados dos veces y, antes del sacrificio, los peregrinos regresan a La Meca para decir una oración en la Kaaba una vez más y emprender el camino del peregrino entre Safa y Marwa. Finalmente, el devoto corta o afeita un mechón de cabello del lado derecho de la cabeza y luego se la afeita.

Mientras meditaba sobre estos eventos, sentado en el patio sombreado, únicamente los minaretes de la mezquita podían ser divisados por sobre la imponente Kaaba con su manto negro bordado en oro: este es el pesado damasco *Kiswa* que está bordado con citas del Corán y que cada año Egipto obsequia. Cada año, la vieja cubierta es cortada y sus piezas repartidas como reliquias muy apreciadas entre los peregrinos más afortunados. También el agua del Pozo Sagrado es suministrada en latas redondas y llevada hacia los confines de la tierra, en ocasiones para ser rociada sobre la tumba del peregrino.

A través de la bruma de calor vislumbré las colinas circundantes. A mi alrededor descansaban peregrinos de cien países; algunos pasando las cuentas de sus rosarios, otros ofreciendo oraciones. Los guardias beduinos wahabíes de aspecto recio caminaban de aquí para allá, alertas ante cualquier indecencia.

Desde el edificio de administración del *Haram*, dotado de inmensas ventanas de vidrio que dominaban el recinto cuadrangular, los oficiales mantenían una vigilia incesante. Observé que el área completa del santuario era barrida regularmente por los binoculares de estos funcionarios.

Miles de palomas revoloteaban sobre nuestras cabezas. Algunas tradiciones dicen que, a veces, Gabriel venía en forma de paloma y le susurraba el Corán a Muhammad en su oído.

Hubo un tiempo en que los peregrinos eran frecuentemente vencidos por el terrible calor en este patio cerrado, ¡pues en ocasiones llega a los 56°C a la sombra! Recientemente, sin embargo, las modernas innovaciones han mejorado muchísimo las condiciones aquí reinantes. Se han instalado ventiladores entre las columnatas; enormes persianas retráctiles protegen a una parte de la periferia del sol realmente abrasador. La electricidad alumbra el santuario y suministra energía para las bombas del Zamzam; y el trabajo de mantenimiento continúa sin cesar a lo largo de la enorme área.

Cuando hablaba con los locales acerca de las muchas mejoras que el rey había realizado a favor del confort en La Meca, a menudo decían: "Alá lo ha recompensado por ello: ¿acaso no le dio pozos de petróleo sin fondo?"

Ahora que los ritos de la peregrinación se habían propiamente completado, volví al hotel para planificar la campaña fotográfica. Determiné que habría mucho riesgo si cambiaba las lentes, de modo que todas las imágenes tendrían que hacerse con la lente normal de la cámara. Al principio pensé en ocultar la cámara dentro de un libro hueco, pero el armarlo y además operar la cámara resultó muy difícil. Al final conseguí una bolsa de harina de medio kilo, la lavé e hice un pequeño agujero para que la lente tuviera una visión sin obstrucciones. Traté de hacer otro para el visor, pero esto fue tan complicado que decidí que tendría que "disparar a ciegas" y esperar lo mejor.

Al día siguiente volví al Santuario, llevando mi cámara en la bolsa. Quizás debería explicar que los peregrinos suelen llevar pequeñas bolsas de algodón que contienen todos sus objetos de valor, u otras cosas seculares (reloj, joyas, etc.), que no se pueden usar con el hábito del peregrino.

Quería obtener imágenes de las mejoras realizadas recientemente en el área sagrada, por lo que primero hice un recorrido lento del recinto haciendo notas mentales de cosas de interés. Mi conciencia culpable no me convenció de que la actitud de los guardias wahabíes o las figuras en el Edificio de la Administración fuese muy tranquilizadora.

Cuando hube completado el séptuple circuito ritual del cubo fui y me instalé en los frescos claustros, donde pude obtener una buena vista de la Kaaba cubierta de negro. Poco a poco me senté, miré a mi alrededor y coloqué la cámara automática en mis manos. Tal como lo había pensado, no se podía ver nada a través de la abertura del visor: la cámara había cambiado de posición en la bolsa cuando estaba colgada alrededor de mi cintura; no importa. Me di cuenta del hecho de que la imagen incluiría filtros de sol, iluminación eléctrica y la Piedra Negra… y saqué una foto.

En la tranquilidad del lugar, el sonido del motor girando parecía un trueno. Un guardia – a quien no había notado – me miró con curiosidad. Decidí toser. Su expresión cambió a una de simpatía; el mío parecía ser un caso grave. Sobrecogido por el paroxismo, a tientas me acerqué al Pozo por un trago de agua… lejos del guerrero piadoso.

Después de eso me acostumbré un poco más a los peligros de la cuestión. Después de una foto se elevó en el aire una nube de palomas y dio la vuelta. Pronto aprendí cómo hacer funcionar el aparato para que el obturador se cerrara primero, y apretando firmemente la palanca de rebobinado pude evitar que el mecanismo que hacía correr el rollo – y por lo tanto el zumbido del resorte – funcionara hasta que yo estuviera listo para toser y mirar en una dirección inocente.

La Gran Mezquita, además de ser el punto central del Islam, es una universidad. Me paré en el punto donde los nombres del Profeta y sus cuatro Compañeros están inscritos en una pared, para obtener una imagen de un estudiante típico en su camino a clase. Acababa de captar a un joven indonesio, libro bajo el brazo, gorro blanco y *sarong* mientras caminaba frente a la inscripción: cuando por puro instinto se dio vuelta y me vio. Resulta que este lugar está cerca de una de las puertas del Santuario; me escondí detrás de un pilar y luego salí por la puerta. No había nada especialmente distintivo acerca de mi cara o mi vestimenta en esta área, y debería poder mezclarme con algún grupo que se dirigiese hacia el Camino de Hagar.

Tan pronto como salí, vi que un grupo de peregrinos de la India, creo, estaban siendo llevados a la Mezquita para su primera visita. Acababan de quitarse las sandalias y se movían directamente hacia mí, bloqueando el camino. Si el chico me estaba siguiendo y yo me detenía, sería atrapado.

Lo único que podía hacer era efectuar un giro inteligente, justo en el medio del grupo de devotos que avanzaban. Me abrieron paso y entré solemnemente al Santuario con ellos, mi pequeña bolsa de algodón en la mano. El indonesio me había estado siguiendo. Él nos pasó, con un semblante confundido.

Salí del Santuario por otra puerta a un café cercano para recuperar la calma. Dudé que las autoridades sauditas realmente me infligirían un daño real si cualquiera de sus funcionarios me detuviese. Pero la toma de fotografías está prohibida tanto por la ley islámica (que es la ley de la tierra que se aplica con rigor) como por la ley del rito wahabita. Al mismo tiempo, parecía mucho más probable en el área santificada que uno – de ser visto – fuera detenido por uno o más peregrinos; muchos de los cuales estarían en un estado mental inusualmente sensible. Han ocurrido incidentes de este tipo.

Mientras sorbía el té aromático hecho con hojas de té

verde y cardamomo, recordé las palabras escuchadas en una tienda de Yeda. "Se dice que los estadounidenses que trabajan para el Rey en el Norte siempre están tratando de entrar en La Meca. Por Alá, si alguno de ellos lo hace, lo matarán. ¿Recuerdas, Ahmed, qué le pasó a ese persa que estaba tomando fotografías en el Santuario? ¡Y él también era musulmán!"

No hay duda de que fui visto actuando de manera extraña en más de una ocasión. Podría haber salido mal si las personas en cuestión se hubieran dado cuenta de que tenía una cámara en esa bolsa de algodón. Una vez, cuando me detuve para tomar una fotografía del nuevo toldo de metal que protege el Camino de Hagar entre Safa y Marwa, un policía me paró. Me pareció que había sentido que yo tenía un aire inusual. Sólo quería saber cuál era mi nacionalidad, deduje, porque había algunos nuevos protocolos de cuarentena.

Conseguí un buen número de fotos en la primera ocasión y las revelé en el hotel. Sorprendentemente, muchas imágenes muestran algo así como sospecha en los rostros de las personas que figuran en ellas.

Algunas fotos – aproximadamente la mitad – se arruinaron completamente por el hecho de que la cámara ciega se había inclinado demasiado hacia un lado u otro durante la exposición. Algunas fueron arruinadas por el movimiento de la cámara, la pesadilla de todos los fotógrafos. Arruiné un excelente rollo de negativos invaluables – primerísimos planos de la Kaaba – al lavarlo bajo la ducha, porque el agua fría salió caliente. Quemé casi todas las fotos insatisfactorias, y a las otras las enrollé dentro de una botella de agua.

Subí las colinas que rodean La Meca para intentar recuperar ese panorama que me había deslumbrado cuando la Ciudad Santa apareció por primera vez desde la carretera de Yeda. No había ningún punto en el que pudiera obtener el mismo tipo de imagen sin un teleobjetivo. En cualquier caso, todas las laderas estaban coronadas por casas: miles de ojos. No quería alarmar a nadie, porque había escuchado todo tipo de locos comentarios sobre cómo los extranjeros estaban conspirando contra la seguridad de los Lugares Santos.

Sin embargo, desde un minarete logré tomar la mayor parte del Área Sagrada y una porción del resto de la ciudad. Desde otros tejados pude fotografiar cosas como el nuevo hospital y el edificio municipal. Las fotos afortunadas me dieron imágenes de cosas como un partido de fútbol, bajo los auspicios del Príncipe Abdullah Faisal, entre esos dos formidables equipos Mecca United y Jeddah United.

Ninguna de las fotos era realmente técnica o pictóricamente perfecta. Mis notas muestran que hice cincuenta incursiones por separado en el Santuario para obtener un grupo de imágenes realmente representativo. Tuve suerte todo el tiempo.

Hubiera sido posible para mí solicitar un permiso especial para tomar fotografías del Santuario. Esto ha sido otorgado anteriormente a aquellos visitantes musulmanes cuyas escuelas religiosas no consideran que la fotografía de objetos esté prohibida por el Islam. Pero esto es desagradable para tantos peregrinos que no quise recorrer el *Haram* acompañado por guardias armados. Y había otras razones, igualmente convincentes, para mi política de sacar fotografías en secreto. Yo era un invitado del rey Ibn Saud. El wahabismo se opone totalmente a la fotografía. Cualquier solicitud de mi parte al Rey con la intención de obtener permiso para tomar fotografías implicaría un insulto, pues yo no ignoraba esta postura. Por otro lado, se supone que un árabe y un musulmán no deben negarle nada a un huésped. La etiqueta en esos círculos está tan bien equilibrada que el más mínimo error, de una forma u otra, podría terminar en los resultados más vergonzosos. Así que tuve que tomar mis fotos por mi cuenta, bajo mi propia responsabilidad.

CAPÍTULO IX

La vida en La Meca

SI YEDA DABA la impresión de un lugar donde Oriente y Occidente habían hecho las paces, La Meca tenía un efecto aún más original sobre la mente. Cuando entras en la ciudad por primera vez, como musulmán, es como descender a un vacío. Con esto quiero decir que la experiencia de llegar a un lugar que ha sido uno de los objetivos fundamentales de la vida, significa que ha tenido lugar algún tipo de realización. Tal vez a esto lo pueda explicar mejor diciendo que La Meca no es solo un objetivo religioso, sino que la peregrinación es algo más que un requisito para todos y cada uno de los musulmanes.

La Meca es parte de la historia: de la historia casi personal de aquellos que pertenecen a la civilización que surgió de la historia del éxito de un hombre y que afectó profundamente al mundo entero. El Islam, el estricto monoteísmo nacido en el desierto de un pueblo que surge directamente de la atmósfera tribal que figura en el Antiguo Testamento, se diseminó a través de las civilizaciones – o lo que quedaba de ellas – en Persia, Siria, África e India. Luego tuvo lugar un proceso de selección. En las artes, la ciencia y otros intereses seculares, el islam absorbió, adaptó y sintetizó corrientes de cultura. Y para la mente de los orientales islamizados, el culto a los héroes y Arabia – en particular La Meca – reemplazaron la historia preislámica y en cierta medida los antecedentes nacionales. Este proceso provocó un despliegue del pensamiento; incluso hoy en día es más común que los musulmanes conozcan mejor la historia del Califato primitivo y la vida detallada del Profeta y sus partidarios que su propia historia más reciente.

Puede que esto sea un ingrediente de cada peregrinación. Pero el hecho de que la historia musulmana sea tan detallada y esté registrada con semejante exactitud relativamente moderna significa que la imagen parece más clara de lo que podría ser de otro modo.

El proceso de absorción al cual el Islam dio inicio cuando entró en contacto con formas e ideas extranjeras continuó a medida que el sistema se extendía. A este respecto, es suficiente señalar la total asimilación cultural de los invasores turcos y mongoles que habían eliminado militarmente al Islam como una fuerza física en Persia, Turkestán, Afganistán.

Aquí, en La Meca de hoy, pude ver el proceso en acción. En todos lados hay señales de la forma en que la cultura local había adaptado al turco extranjero a sus propios procedimientos; hasta ahora hay muy pocos signos de influencia turca en el Hejaz. Aún más marcada es la actividad actual de digerir el impacto tecnológico occidental e integrarlo con el modo de vida islámico y de los mecanos. De los pueblos orientales que he visto, solo los afganos se comparan con los saudíes a este respecto. Existe el ardiente deseo de aprovechar todo lo que es útil y progresivo, más la determinación igualmente firme de separar lo bueno de lo malo y moldear todas las innovaciones en el marco del Islam establecido.

¿Hasta qué punto es esto un proceso consciente? Pensé que era una especie de reflejo defensivo… hasta que conocí a Ibn Saud, y él me dijo que estaba fomentando deliberadamente este espíritu como una cuestión de política.

Al menos cien mil peregrinos visitan La Meca cada año, prácticamente desde cada rincón del globo. La mayoría de ellos, por supuesto, provienen del Asia y África musulmanas: esos mismos países que en este momento se están esforzando para adaptarse a la influencia del Occidente altamente técnico y materialista. El resultado de este vasto movimiento de personas que van y vuelven ha sido que, inevitablemente, los musulmanes han en su mayoría seguido el ejemplo de Arabia Saudita.

Por lo tanto, desde un punto de vista, una quinta parte de la población mundial está siendo afectada constantemente no solo por la atmósfera intensamente religiosa de La Meca, sino también por la actitud de los sauditas para con los asuntos mundiales y su desarrollo. Con la reciente apertura de una estación de radio en la Meca que transmite onda corta, esta influencia se está extendiendo mucho más allá de aquellos que efectivamente asisten a la Peregrinación.

Los millones incalculables que están fluyendo hacia los cofres saudíes desde los campos petroleros árabe-americanos en Dhahran, en el extremo noreste, le han quitado el sentido a la supuesta jactancia hejazi: "No necesitamos ninguna agricultura: Dios nos ha dado a los peregrinos como nuestra cosecha anual." Los diez millones de libras esterlinas que el país obtiene de los viajeros no es más que una gota en el océano del dinero del petróleo. ¿Cómo se gasta el ingreso del petróleo?

Se dice que se han gastado más de un millón de libras en instalaciones eléctricas y otras, además de la mejora del Santuario mismo. La salud, la higiene y la educación representan mucho más.

Ocho oficiales médicos bien calificados han liberado a La Meca de todas las enfermedades endémicas. En una visita sorpresa al Hospital General de La Meca, vi cosas como la última máquina de rayos X, traída desde Estados Unidos, y escuché mucho sobre los planes de la ciudad para un nuevo sistema de drenaje y agua en cada casa. El entusiasmo oficial por la mejora cívica es tan grande que el Gobierno rechazó miles de donaciones voluntarias, y el propio Emir Abdullah

El-Faisal (Vicegobernador de Hejaz) donó más de £ 25.000 para tuberías de agua que llevarán agua adicional a La Meca.

Se gasta una buena cantidad de dinero en las obligaciones sagradas del bienestar social y la hospitalidad. No vi mendigos en la Meca. Un experegrino ostensiblemente pobre que se había quedado a vivir allí rechazó – obviamente – mi oferta de dinero, y tuve que comprarle una camisa como regalo y ofrenda de paz.

En cuanto a la hospitalidad, durante toda mi estancia no me faltó nada. Día y noche un enorme Cadillac estaba a mi servicio, con chofer incluido.

La población de La Meca se ha duplicado en los últimos veinte años: se trata del lugar más cosmopolita que uno pueda ver. Son tantos los viajeros que a lo largo de un período de varias generaciones se han instalado aquí, que la población parece estar conformada por hombres y mujeres – con sus pantalones holgados, turbantes, botas altas, *sarongs* y babuchas – provenientes de casi todas las naciones orientales; el número de indonesios, afganos y uzbekos es enorme.

Puede que escuches una media docena de idiomas durante una tarde en los bazares; o que pruebes la comida picante de la India o Marruecos o Irán; o que ingieras las bebidas aromáticas de Kabul o la leche ácida especiada del Turquestán. Si esto suena como un cuaderno de viaje, la respuesta es que la vida de La Meca es literalmente así.

Una abundancia de grandes automóviles estadounidenses ha traído un problema de tráfico a las calles de La Meca, pero es sorprendente cómo los policías beduinos han dominado el arte de controlarlo. El aparcamiento, como el que se puede ver fuera de Bab-Ali (una de las diecinueve puertas de la Gran Mezquita), no es menos eficiente que en cualquier ciudad europea. Cuando se permitió por primera vez el ingreso de los automóviles a la Ciudad Santa, me dijeron que los conductores usaban más acelerador del que se necesitaba:

"El efecto de una o dos multas bastante severas ha sido tal, que ahora no se conocen los accidentes callejeros", como me dijo el hombre que se ofreció a asegurarme contra ellos por £ 10.000, a tres chelines.

Dos paredes laterales del muro exterior de la Gran Mezquita contienen el principal centro comercial: las calles cubiertas con tiendas de fachada abierta donde la profusión de bienes es apabullante. El ambiente aquí es sacado de *Las mil y una noches*... sin los inconvenientes. Nunca vi polvo, tierra, moscas o mendigos mutilados. Es el único lugar en el que me he encontrado donde los cambistas se sientan bien detrás de inmensas pilas de monedas no vigiladas. La moneda, incluso, es interesante. El Tálero de María Teresa – equivalente a un riyal saudí (dos chelines) – es la moneda principal. No se emiten billetes, y las transacciones de cualquier monto se llevan a cabo mediante billetes en libras egipcias o soberanos de oro.

Puede sonar como la "promoción" de una agencia de viajes, pero nunca me han robado con el cambio en La Meca, nunca me han presionado para comprar nada, nunca he entrado en una tienda sin ser tratado como un invitado de honor.

Muchos comerciantes, sabios y todo tipo de personas – uno hace amigos fácilmente en La Meca – me invitaron a su hogar para varias fiestas. Pero tuve que esperar, por etiqueta, para saludar al vicegobernador antes de poder tener una vida social personal.

El joven Emir Abdullah ibn Faisal estaba actuando en representación de su padre, el Emir Faisal, que me había invitado a La Meca cuando lo conocí ese día en El Cairo. El protocolo exigía que me presentara ante él lo antes posible; entonces le pedí al conductor que me llevara urgentemente al palacio.

Justo dentro de la ciudad, un inmenso pero austero edificio alberga la Corte del Gobernador y el Virrey. Construido en el estilo moderno hejazi, con un empinado tramo de escaleras de piedra que conducen a la cámara de recepción, me impresionó bastante la sencillez del lujo del lugar, pero decidí no tomar una foto. Después de todo, afuera no solo había varios wahabís muy alerta que caminaban de un lado a otro, sino que la mayoría de los choferes que estaban parados junto a sus limusinas estadounidenses pertenecían a esa clase especial de agentes de la guardia real que portan armas.

Cuando entré, otras escaleras indicaban la dirección del verdadero Salón de Audiencias. En cada peldaño había un guerrero barbudo, de aspecto desinhibido y casual; algunos con cuchillos desenvainados. Tomando mi nombre, un chambelán vestido con simpleza subió las escaleras y abrió las puertas. Lo seguí, caminando directamente hacia el inmenso salón donde estaba sentado el Emir con sus principales funcionarios.

No hay espera para una audiencia en Arabia Saudita. Cada funcionario, desde el Rey hacia abajo, están a disposición en todo momento. Todo lo que tienes que hacer es presentarte, y la costumbre lo obliga a verte sin importar cuán humilde sea tu tema. El sistema funciona bien, porque en realidad nadie con un reclamo real tendrá que expresarlo ante el oficial superior: será resuelto rápidamente “fuera de la corte” para evitar que el demandante ejerza su derecho personal de ver al Príncipe, y que alegue ineficiencia por parte de un funcionario inferior que acaso lo haga merecedor de severos castigos.

Emir Abdullah Faisal era como una réplica más joven de su padre. Con manos y pies delicados, aunque no tan alto, su rostro tenía el mismo sello de autoridad, sus movimientos la misma seguridad que caracteriza a la familia real saudí.

Tuve una larga conversación con él. Habló de las mejoras en la ciudad que él mismo estaba planeando, bajo la dirección de su padre. Me señaló que cualquier instalación que deseara inspeccionar me sería concedida para ver lo que quisiera, y que cualquier queja debería ser dirigida directamente a él "en cualquier momento del día o de la noche".

Me preguntó si debían tomar las medidas necesarias para garantizarme una audiencia con Su Majestad en Riad, pues habían recibido un mensaje de radio mediante el cual se comunicaba que yo iría allí en una aeronave real una vez que mis obligaciones religiosas hubieran sido cumplidas.

Le pedí un mensaje para aquellos que leerían mis libros y artículos. Dijo: "Cuenta lo que has visto, y que estamos tratando de hacer que este lugar sea digno del Islam."

El príncipe es un gran deportista. Me prestó su yate para navegar en el mar rojo. Habló de sus planes de enviar un equipo de fútbol a Europa: pues él cuida personalmente los intereses de Mecca United, ese equipo tan formidable y el terror de los Hejaz. Como no hay cines ni otros divertimentos en La Meca, el atletismo y el fútbol atraen inmensas multitudes a las afueras de la ciudad en las vacaciones semanales del viernes. El nivel de su fútbol es extremadamente alto.

Antes de partir de La Meca hacia el norte hablé con varios dignatarios locales, pasé por el orfanato, observé a los escribas escribiendo cartas para sus clientes en la oficina de correos, tuve un banquete que duró toda la noche con algunos amigos afganos y me reglaron una copia del primer Corán que se imprimió allí.

Junto al Santuario se encuentra la fabulosa biblioteca, donde se guardan manuscritos de valor incalculable para el uso de los estudiantes que viajan literalmente miles de kilómetros para leer los registros de los primeros días del Islam.

Pero el Príncipe habló con especial orgullo del progreso de la higiene en el Hejaz. "Haz un estudio de ello: esto nunca se ha hecho antes", dijo.

CAPÍTULO X

Sabiduría camellera

Si no has estado en Oriente, ¿qué imágenes evocan los pensamientos sobre Arabia? Puede que digas "Camellos, palmeras y beduinos" o "Desiertos, túnicas ondeantes y camellos"; mas es probable que los camellos sean parte de la evocación. Pero, ¿cuántas son las personas que verdaderamente saben de camellos? Desde luego, yo sabía muy poco antes de dedicarme a estudiar el tema; y la apuesta es que tú también: apenas que el dromedario es más grande y rápido que el camello del Asia Central.

Una vez le pregunté a un aficionado de los gatos qué *veía* en los felinos; y casi de inmediato apareció en su rostro esa mezcla de expresión de fanatismo y estupefacción que todos conocemos tan bien: es el sello del devoto. El hecho de que se pueda esperar que uno defienda los sentimientos que no pueden expresarse con palabras trae esa desesperación que se convierte muy fácilmente en ira. Esto parece aplicarse a todos y cada uno de los fanáticos.

Para los árabes, los camellos tienen tal fascinación. Como un gato, un camello nunca es poseído en cuerpo y alma. Es un amigo orgulloso, un maestro de tareas arduo, una individualidad absoluta: la encarnación del no me importa un rábano. Se ha dicho que esta era la razón por la cual los antiguos egipcios consideraban a los gatos con un temor supersticioso: ciertamente es por esta razón que los árabes de todas las edades han creído que el camello tiene un lugar especial en la vida. Solo él, como sabrán, es consciente del Centésimo Santo Nombre de Alá.

Si has apreciado la creencia de que esos tristes y desgarbados barcos del desierto que con reticencia forman parte de cualquier zoológico son verdaderos camellos, tienes razón. Pero su parecido con el *Dhalul* de carreras de color blanco leche o el señorial de Kuwait cubierto de piel o cualquiera de las treinta y cinco razas de pedigrí reconocidas… es solo superficial.

Todos ellos tienen, es cierto, peculiaridades físicas similares: por eso se los denomina camellos. Su temperamento es el mismo. Aparte de esto… bueno, una vista asombrosamente enorme de la historia del camello (y del dromedario) se abre ante nosotros.

No creas que todo camellero conoce su trabajo. Nadie sabe durante cuántos miles de años esto ha estado sucediendo, pero el verdadero beduino, el *Arab-el-arab*, ha desarrollado un sistema para la disciplina y el control del animal. Cualquier orden contraria a la serie de reflejos condicionados por los cuales opera un camello entrenado provocará esa terquedad que es proverbial: el burbujeo y el gruñido, la infalible puntería con el bolo alimenticio, el latigazo de los pies extendidos. Tu camello se te ha ido de las manos.

En este estado, no se recomienda agarrar la cola y alegremente tratar de saltar a horcajadas a la manera de los fenomenales francotiradores de montaña del Rey Saud.

Aquellos que han visto a un camellero en dificultades recordarán que en esta etapa generalmente es necesario invocar la ayuda de algún transeúnte, un tercero. Se piensa que esto, incluso en Arabia Saudita, es porque el camello ha decidido ignorar a su conductor. Por un tiempo, solo aceptará acercamientos a través de un intermediario. El hecho real probablemente sea que el extraño era un hombre que sabía más sobre camellos que el camellero mismo. Puede que incluso sea un descendiente del Profeta, lo cual ayuda considerablemente.

Sin la reeducación psiquiátrica (que todavía es lo suficientemente rara en Arabia para ser descartada, a pesar de las exageradas ganancias del petróleo), un camellero curtido está obligado a ser duro con sus camellos. Esto va a contracorriente de la dispensación persa más suave, que plagia al místico Sheikh Saadi de la siguiente manera: "Con un toque amable y un lenguaje suave y justo, podrás conducir un camello tomándolo apenas de un pelo."

Trata de explicárselo a tu camellero fracasado y fíjate lo que dice. El camello siempre gana: y esta puede ser la razón por la cual la mayoría de los matones árabes han sido camelleros en algún momento u otro. Este trabajo es muy inestable, y no hay oportunidad de organizar un gremio… excepto para los camellos mismos, que siempre han tenido uno.

Aquí hay algunas pruebas de la respuesta de los camellos a la bondad, real o aparente: durante dos largas marchas en caravana de camellos desde el Golfo Pérsico hacia el sur hasta el Hejaz, nuestras monturas a menudo parecían al borde del colapso. Luego aprendí a susurrar en voz baja y tranquilizadora al oído de mi Nura y a retirar un pequeño paquete de su espalda. Esta evidencia de buena fe siempre funcionó, incluso si ella sentía que la carga era vuelta a su lugar unos minutos más tarde. Puede que algunos consideren a esto maltrato; pero era el camello o yo, así que caí en el hábito sin reparos. Teniendo en cuenta que un camello no está sobrecargado cuando transporta un cuarto de tonelada, no creo que mi pequeño paquete haya sido la última gota.

Si incluso le das una palmadita en el cuello al camello durante un largo viaje, él volverá la cabeza hacia ti y te mirará fijamente a los ojos. Podrías, por supuesto, tomar esto como un reproche. Preferí darle el beneficio de la duda.

En viajes largos, el movimiento bastante rápido – hasta casi 20 kilómetros por hora – brinda una sensación de frescor que no encontrarás en ningún otro lugar en el desierto abrasador. En los días en que el termómetro registra más de 44 grados a la sombra, el único lugar donde las olas de calor reflejadas por la arena no te chamuscarán es a la altura del camello. Incluso montando a caballo uno siente este terrible calor golpeando tanto desde el suelo como desde arriba. Los automóviles con aire acondicionado, que no son raros en Arabia hoy en día, no darán la misma sensación de frescor en absoluto.

A ocho o nueve kilómetros de un pozo de agua, tu montura huele el manantial y acelera su paso; pero a menudo he notado que su adiestramiento es tal, que los camellos no se lanzan a toda velocidad en busca de agua hasta que se les da la señal. Palméalo tres veces en el cuello, y las almohadillas suaves y grandes de sus patas correrán sobre la suave arena y podrán acariciar los treinta kilómetros por hora.

Con frecuencia solíamos ver la cantidad de agua que bebían nuestros camellos, como una indicación de si debíamos esperar una tormenta de arena. Si regresaba por segunda vez al estanque, esto se consideraba una certera señal del aproximamiento de un simún. Una tormenta así puede prácticamente enloquecerte en pleno desierto: partículas pulverulentas que invaden cada poro, según parece. Pero si tienes un camello contigo, no es probable que mueras. Cientos de solitarios viajeros experimentados mueren asfixiados cada año. Al refugiarse detrás del camello cuando se sienta (porque ha visto la tormenta mucho antes que tú, por supuesto), puedes soportarla. A esta horrible experiencia le sigue algo diez veces peor que una resaca. Pero el camello te empujará cuando se levante, y se sentará gruñendo furioso contra los Jinn de la tormenta del desierto mientras bebes una pinta de café con especias del Nejd, después de quitarte una máscara de smog hecha de la fina piel del camello norteño.

Habiéndote convertido ahora en un entusiasta de los camellos, tienes que aprender la parte más difícil de todas: cómo montarlo. El camello se pone en cuclillas, trepas a la silla, pegas un grito salvaje... y él comienza a moverse. Cuando quieres desmontar, emites un extraño gruñido, él se arrodilla, tú te bajas.

Si quieres saber la palabra para hacer que el camello haga todo esto, tendrás que ir a Arabia: no hay letras, en inglés o árabe, que transmitan su sonido y entonación.

CAPÍTULO XI

Ejército de langostas

AHORA QUE LOS ritos de peregrinación en La Meca habían terminado, dediqué bastante tiempo a observar los avances logrados en esta parte del mundo durante los últimos años. El ejemplo más extraordinario de esto fue el milagro de "Kilo Ten", en la carretera Yeda-La Meca.

Aquí, en medio de lo que hasta hace poco era un desierto arenoso, se bombean casi cuatro millones de litros de agua por día a un pequeño paraíso de cultivos y frutas establecido por la previsión de un hombre – el agrónomo saudí Dr. Badkuk – y la energía de su rey. Durante miles de años Yeda existió sobre el flujo incierto de los pozos salobres: la gente tenía sed frecuentemente. Hasta hace poco, las plantas de condensación de agua marina proporcionaban algo de agua... a escala limitada. Hoy de hecho hay exceso de agua en Yeda.

Esta abundancia ha traído vida a Kilo Ten. El beduino, con su acertado giro, ha denominado al asentamiento "La tumba del desierto": el primer indicio del destino que aguarda a todas las extensiones áridas de los Hejaz. Vi invernaderos, frutas y verduras, cultivos de semillas de trigo experimentales listos para ser distribuidos a los agricultores, canales de riego; agua fresca y clara, bombeada desde Wadi Fatma, a cincuenta kilómetros de distancia.

A tres metros de esta parcela fértil se encuentra lo que parece desierto árido. Francamente, ante el problema que tenía Badkuk hace cuatro años, yo me habría dado por vencido. Tan duro ha trabajado este hombre y su pequeño grupo de ayudantes en Kilo Ten que, si bien el lugar está equipado con invernaderos controlados por termostato, no ha habido tiempo para construir hogares permanentes para los expertos en agricultura; ellos, como sus ancestros nómadas, viven en un grupo de tiendas de campaña sin pretensiones.

La segunda maravilla moderna del Hejaz es la colonia británica anti-langostas, "en algún lugar sobre la ruta hacia Medina".

Aquí, un pequeño grupo de británicos – muchos de ellos exoficiales – mantienen un puesto solitario del *Locust Service*: esa organización internacional que recopila información sobre el insecto y los extermina donde estén.

Equipados con todas las comodidades de la ciencia moderna en su trabajo – o en sus chozas –, los hombres anti-langostas, como sus homólogos en Kilo Ten, no tienen ninguna comodidad en su hogar. Diseñado con precisión militar a la sombra de un afloramiento de rocas estériles, su campamento está dominado por una enorme pila de cebos envenenados, exactamente como uno de esos gigantes montículos de deshechos del norte industrial inglés.

El Servicio Anti-langostas debe ser siempre móvil, estar en alerta. Están equipados con radioteléfonos, vehículos de arena y talleres de reparación. Los equipos de combate se extienden sobre un área amplia para atacar al enemigo tan pronto como aterriza.

Las chozas tienen paredes de barro. En lugar de techos tienen cielo rasos de lona. Esto se debe, como se me explicó, al hecho de que por ley en Arabia Saudita ningún extranjero puede erigir una vivienda permanente. "Permanente" significa con un techo. Cuando llegué al campamento el sol estaba pegando implacablemente sobre el grupo de chozas de barro, con los techos blancos de sus tiendas hundiéndose como si estuvieran abrumados por el calor.

Por aquí la arena estaba endurecida. Poco era lo que se movía, y nada crecía. Las huellas de los neumáticos que conducían a la tienda del cuartel general eran solo las de los camiones pesados del desierto. Ningún visitante con lujosos autos privados ha jamás encontrado su camino hacia aquí.

Al oír nuestro acercamiento, una figura alta y delgada que empuñaba un bastón y vestía únicamente pantalones cortos color caqui llegó a la puerta de la choza más grande. "Si buscas el camino hacia Medina, ¡has errado por veinte kilómetros!". Él venía, creo, de Wimbledon.

Después del primer indicio de incredulidad inspirada por nuestra visita, entramos a la carpa "cantina", donde media docena de espigados personajes morenos estaban sentados hablando, fumando, jugando a las cartas. Explicaron que el resto de los "muchachos" habían ido a cazar langostas. El principal problema con la vida allí era que a menudo había pocas posibilidades de encontrar puntos débiles en el enemigo. Cuando un beduino entraba a una ciudad para informar la presencia de langostas, estas ya se habían ido.

Todo aquí está planeado estrictamente según los lineamientos del ejército. La mayoría de los oficiales – cuya sede está en Nairobi y vinculada con la organización central en Londres – son ex hombres del Servicio.

Día y noche tienen guardia de radio. Tan pronto como se recibe un informe de infestación local, estos son transmitidos al centro y las columnas móviles – de cinco a diez camiones – parten con cebo envenenado y lanzallamas.

Este es uno de los centros más importantes de una lucha mundial, ya que recientemente se ha descubierto que la langosta del desierto es el peor enemigo-insecto del hombre.

Los cazadores de langostas del Hejaz estaban bien al tanto de las noticias mundiales, en particular en todo lo referido a las langostas. Aprendí que, no mucho antes de que se muestrearan más de 70,000 huevos en una yarda cuadrada de suelo persa, en Chipre se recolectaron y destruyeron más de 1,300 toneladas de huevos en una sola operación. Una nube de langosta puede oscurecer el brillante cielo tropical al mediodía, abarcando un área de 160 kilómetros cuadrados: y cuando se posa puede comer cien mil toneladas de alimentos en un día.

La vida en el cuartel Langosta es dura. Aparte de unas cuantas revistas y muy poco alcohol, Yeda es la ciudad más cercana; y uno difícilmente elegiría eso para una tarde de juerga; Yeda no tiene cine, ni salón de baile ni un centro para la vida social familiar que les resulta conocida a los occidentales.

Sin embargo, al igual que los hombres que escalan montañas o que timonean barcos durante meses y años en las regiones polares, estos pioneros están completamente seguros de su filosofía, absortos en su trabajo y conscientes, de manera tranquila, del valor del trabajo que están haciendo.

Quedé muy impresionado con ellos. Los científicos y los cuarteles en Nairobi serán quienes obtengan la mayor atención, pero acaso la respuesta al enigma del enjambre de langostas y la destrucción se encuentre aquí, en el desierto del Hejaz. Esta es la ruta directa de las migraciones masivas de los malignos saltamontes gigantes – porque eso es todo lo que son – desde Yemen y África hasta la India y Persia.

Su vida a veces es aburrida: la mezcla de cebos, la relectura de libros antiguos y destrozados; contándose las historias de sus vidas en sus viviendas que son un híbrido de carpa y choza. Luego, la señal y ubicación de un enjambre. ¿Pueden ser destruidos los insectos antes de que vuelvan a despegar? ¿Se pueden quemar los huevos antes de que eclosionen? ¿Arrasarán las langostas más hectáreas preciosas de suelo saudí que fue ganado duramente? Hay un apuro salvaje para poner los camiones en la carretera: una carrera de trescientos veinte kilómetros, o más, con el cebo; la carrera para vencer a las langostas y llegar antes a un campo fértil. Después el informe, que frecuentemente dice:

"Aniquilado el 100%". Luego, el ciclo recomienza.

Muchos árabes, como Juan el Bautista de antaño, atrapan, cocinan y comen las langostas con miel silvestre. Los beduinos – sin cosecha que los haga preocupar – piensan que toda la empresa es sencillamente una locura. Incluso mi chofer pensó que estaban locos, y él estaba mejor informado que la mayoría. Había estado en Palestina y, habiendo dado la impresión al regresar de que había estado en Inglaterra, intentó seguir la fantasía. Defendió mi visita, cuando se enteraron en Yeda, con su propia teoría. Según él, yo no estaba loco: apenas tenía curiosidad por ver al extraño grupo de infieles locos en la Tierra Santa del Islam.

CAPÍTULO XII

Audiencia con Ibn Saud

Yo debía abandonar el campamento de Yeda para ir a Riad y visitar la corte real pronto. ¿Cuándo? Nadie lo sabía. ¿Cuándo compré mi boleto? Los boletos no se compraban para el avión del Rey, "que tu vida sea larga..." Así que simplemente esperé.

Dos días después llegó una llamada telefónica desde el aeropuerto. ¿Podría tener mi automóvil listo al amanecer del día siguiente, justo antes de la primera oración? Sí. ¿Esperaría una llamada telefónica a esa hora?

Aunque era pleno verano, me vestí con el traje más grueso que tenía, tomé una manta y guardé la cámara en mi maletín. También me acompañaban los preciosos rollos con todas mis fotos en ellos. Hay un viejo dicho persa: "Los árabes viajan con todos sus bienes"; no iba a correr el riesgo de perderlos.

No tenía idea de cuánto tiempo estaría en Riad. No se permitía fumar en Yeda o La Meca. Debe de estar aún más prohibido en la ciudad puritana, puramente árabe, de los hermanos Wahabí. Llevé dos cartones de cigarrillos americanos del mercado negro, y crucé los dedos.

Al amanecer sonó el teléfono. ¿Iría de inmediato al campamento de Yeda? Arrancamos en el delicioso frescor de la mañana a lo largo del camino de La Meca, con sus millones de bombillas eléctricas centelleantes, donde la infinita corriente de peregrinos ya había estado marchando durante algunas horas aprovechando el refrescante aire nocturno.

Un hombre sobre un maravilloso camello blanco como la leche rugió "¡Discípulo del diablo!" ante la sonrisa dolarizada del Cadillac cuando pasamos junto a él. Sorprendidos por el brillo de los faros, dos jerbos saltaron a un lado. Sentí nuevamente la emoción de comenzar otro viaje, la anticipación de ver al Napoleón de Arabia, uno de mis héroes de la infancia...

Al principio, el aeropuerto de Yeda me pareció de un tamaño bastante impresionante; hasta que me di cuenta de que cada año miles de peregrinos aterrizaban aquí en sus propios aviones o a través de las líneas aéreas saudíes o cualquiera de las otras compañías que han surgido desde la Segunda Guerra Mundial.

Sin embargo, la atmósfera era diferente a la de cualquier otro aeropuerto que haya visto. Me pesaron, mi equipaje fue pesado y me dieron un boleto marcado como "Vuelo Uno, Invitado Real".

"Espere en el salón", dijo el jefe del aeropuerto. Aquí se había reunido una multitud sorprendentemente heterogénea. El café del aeropuerto es conocido como uno de los mejores lugares para comer en la ciudad. La gente sofisticada va a Kilo Ten como si fuera su "paseo por el campo", y frecuentan el aeropuerto por el café, la comida y la vida de club. Naturalmente, en un clima así, la noche era el mejor momento; las personas que no tienen nada que hacer duermen todo el día. Todos se conocían entre sí. Alrededor de la mitad de los ciento y algo de clientes eran británicos, estadounidenses, europeos de una clase u otra. El resto se dividía entre los wahabís de rostro severo (que obviamente eran pasajeros y miraban a esta juerga con recelo), y varios tipos de empleados y caballeros del ocio sauditas.

A último momento recibí un pantallazo sobre las formalidades de la corte de Arabia Saudita por parte de los sirios que dirigían Radio Yeda. También en su grupo irrumpió un curioso e inútil que había seguido mis pasos tanto en Yeda como en La Meca, haciendo preguntas y por lo general resultando muy molesto. Según su propio relato, él era un amigo íntimo de la realeza y estaba asumiendo el deber autoimpuesto de cuidar mis intereses. Siempre que podía le escapaba. Las personas que me vieron hablando con él – incluido el conductor que lo odiaba con ganas – decían que se limitaba a comerciar con la credulidad de los extranjeros. Pero no quería molestarlo si es que realmente estaba allí para cuidarme.

Lo que más me sacudió fue cuando llevó la conversación hacia la fotografía. "¿Sabes algo de cámaras? ¿Sabes que cuando sacas el rollo, tienes que lavarlo con agua y luego poner sobre él unos escarabajos pequeños que se comen la parte que no quieres y dejan el resto… que es precisamente la foto?" Alguna vez alguien debe haberle contado de forma embrollosa acerca de los efectos de los productos químicos. Le dije que yo sí sabía algo al respecto, pero podía ver que sabía muchísimo menos que él.

Esto pareció despistarlo por un momento. Se acarició la barba desaliñada e inclinó su turbante a la manera de los príncipes. "Pero, ¿sabes cómo revelar una foto?" (Hacer una impresión).

"Creo que sí..."

Me lanzó una mirada astuta. Aquí estaba el truco de la pregunta: "¿Entonces por qué no imprimes tus fotos?"

Debe haberme visto revelar algunas, o algo así. De todos modos, estaba empezando a pensar que solamente podía ser una especie de supuesto "amigo del príncipe".

"Porque no tengo muchas fotos para imprimir en este momento".

"En ese caso te puedo ayudar. Puedo conseguirte un permiso para tomar fotos en La Meca; te gustaría, ¿verdad?"

Obviamente esto era una trampa.

"No, gracias; he venido a ver al Rey y hacer mi peregrinación."

"Una mujer francesa que vino a Yeda trató de llegar a La Meca pero fue detenida; mas tomó fotos y se lo permitimos. Ella creyó que era astuta pero no dijimos nada. Luego, cuando supo que solo podía fotografiar Yeda, tomó el avión para Puerto Sudán. ¿Sabes lo que pasó cuando ella abordó el avión?"

"No, dime".

"Se le quitaron todas las fotos. ¡Ella era comunista!"

Saltó sobre sus pequeñas y delgadas piernas, y lo vi entablar una seria discusión con uno de los guardias del aeropuerto. El guardia me miró, luego a él, luego alrededor. Me levanté y me dirigí hacia ellos. El pequeño soldado me miró fijamente.

"Disculpe, Mayor, entiendo que aquí usted está a cargo. Soy un extranjero, en camino a ver a Su Majestad." Le mostré la tarjeta. "¿Podría decirme cuándo parte el avión?"

Eso lo resolvió. En un instante apartó con el codo a nuestro inquisitivo amigo y me dijo, con gran detalle, que era necesario esperar en el *lounge* y que se ocuparía de que alguien me buscase para abordar el avión. No volví a ver al sospechoso hasta que regresé de Riad.

Pronto fui recogido y empujado a bordo del avión bimotor con la bandera saudí sobre sus alas. Los motores rugían, el suelo se esfumaba debajo nuestro. Parecíamos flotar durante algunos minutos sobre el paisaje marrón y blanco de Yeda. La habitual señal de advertencia se encendió, irónicamente, en esta tierra de no fumadores: "ABROCHARSE CINTURONES DE SEGURIDAD - NO FUMAR". Nadie se abrochó nada... pues de todos modos no podían leer inglés.

En Arabia Saudita las mujeres llevan velo. En este avión varias damas de Riad, cubiertas de pies a cabeza con sus túnicas negras, fueron marginadas a las filas delanteras. A mi lado había un jefe tribal, su espada enjoyada sostenida como un bastón entre sus rodillas. Al tomar altura y dirigirnos hacia el norte más allá de la carretera de Medina, entonó el primer capítulo del Corán – que a veces se compara con la Oración del Señor, a la cual se asemeja – en voz baja.

En tres horas y media estaríamos en Riad, me dijo el Sheikh. "¿Ves allí abajo esa rocosa y zigzagueante pista de camellos, ideada por Satanás?". Estábamos volando hacia el noreste ahora, y nos despedíamos de la carretera Meca-Riad. "Esa, mi hermano, es la manera en que he viajado muchas veces, de norte a sur; sí, y del sur hacia el norte. Incluso a Palestina, por ese camino. Tomó de quince a treinta días en camello, y cinco días en automóvil... si el automóvil llegaba a salvo. Ahora todo lo que hacemos es viajar en avión, ¡libres como el viento!"

Mientras seguíamos zumbando sobre el desierto de Nejdi, aparentemente sin caminos, las colinas manchadas de cobre dieron paso a un mar de arena ilimitado. Grotescos pináculos de roca erosionados por el viento aparecían de vez en cuando, como si fuesen las garras del mismísimo espíritu del desierto tratando de agarrarnos para bajarnos nuevamente a su nivel.

Entonces mi compañero señaló manchas verdes que aparecen aquí y allá entre las colinas resecas. Aunque ahora hacía frío en el avión, y se estaba formando hielo en las puntas de las alas, podíamos ver el tipo de calor ardiente que azotaba la tierra sedienta de abajo.

Estas zonas verdes son colonias beduinas fundadas por el rey Ibn Saud hace unos veinte años, y ahora muestran resultados. Mi compañero era el jefe de uno de los asentamientos y estaba orgulloso de lo que su tribu había hecho al servicio del rey. "Abdul-Aziz, a quien llamo por su propio nombre personal en señal de mi amor por él, ha hecho más que esto por nosotros". Le respondí que supuse que estaba hablando en términos de dinero. "El dinero también, pero eso es solo una parte de ello. Él nos ha dado lo que el dinero no puede comprar. Él se ha asentado en la tierra de nuestras tribus itinerantes, lo cual ha traído paz. No hay más derramamiento de sangre sobre los derechos de pastoreo y sobre el agua...

"Durante la última guerra, ¿sabes lo que hizo el rey? Se enteró de que había escasez de alimentos entre los beduinos, tanto sedentarios como nómadas. Consiguió una flota de aviones y trajo todo el arroz, la harina y la carne que pudo encontrar. Y cuando eso se terminó, ¿qué hizo? Importó arroz y harina de muy lejos, de América y la India. Envió hombres a las potencias que estaban en guerra y les dijo que Arabia Saudita, la Tierra Santa del Islam, debía tener comida para vivir. Primero debíamos tener ese alimento y luego decidiríamos de qué lado pelearíamos, si es que lo hacíamos; y cuánto petróleo le daríamos al infiel por sus peleas internas."

Más tortuosas garras de roca, un escalofriante y áspero aterrizaje, y estábamos en Riad.

Tan pronto como salí de la nave, un oficial militar de barba roja y aspecto eficiente, con túnica y turbante árabe, dio un paso adelante. Él estaba a cargo de la recepción de invitados y sería mi "contacto" cuando me llevaran ante el Rey.

Primero vino el viaje a través de Riad hasta el palacio afgano, donde se me alojaría. Riad no se parecía en absoluto a La Meca; la arquitectura de las casas tenía algo así como de fortaleza. Había por todas partes muros macizos, puertas tachonadas de hierro, atalayas. A través de las calles caminaban polvorientos "Hermanos" wahabí, miembros de la escuela puritana fundada por la propia familia del rey saudí y reconocidos como los guerreros más poderosos de Arabia.

El palacio afgano, según me dijo el guía, fue construido en tres semanas para el rey de Afganistán que venía de visita con su séquito. Como muestra de afecto, el rey había ordenado que se erigiera junto a su propio palacio.

Se cuentan historias fabulosas de aquella peregrinación del rey Muhammad Zahir Shah: de cómo los banquetes se prolongaban durante varios días y noches; cómo él y el monarca árabe – ambos buenos tiradores – competían para ver quién tenía mejor puntería y siempre terminaban empatados; cómo el piadoso Zahir Shah sorprendió a los teólogos wahabí al revelar que conocía el Corán de memoria. Su visita causó tal impresión en Arabia Saudita que escuché este dicho más de una vez, usado a propósito de un comentario admirativo: "¡Es un hombre bien afgano!"

Cuando Zahir Shah le dio valiosos regalos al rey Ibn Saud, este último – para no quedarse atrás – le regaló una flota de aviones nuevos.

Esto, entonces, era el palacio afgano. Un edificio de concreto de dos pisos, con paredes gruesísimas. El interior estaba amueblado al estilo Luis XIV, mientras que las habitaciones eran tan lujosas que no había nada en Londres que se les pudiese comparar. El edificio mismo sigue el lineamiento habitual de los palacios del norte de Arabia: una plaza hueca con un patio y fuentes, rodeada por los apartamentos de los huéspedes en el primer piso. Los criados ocupan la planta baja. Un fresco y techado balcón recorre todo el camino alrededor de las paredes interiores.

Ninguna ventana daba a la calle. Las que estaban allí fueron enrejadas y lujosamente cortinadas. Un teléfono privado que comunicaba con el palacio de al lado estaba en el *Majlis*, la sala de la corte.

Me llevaron al baño lujosamente diseñado, y luego me dieron un tazón de fruta y un vaso grande de jugo de piña del refrigerador más grande que he visto en mi vida. Aún tenía algunas dificultades para acostumbrarme al hábito de tener refrigeradores en cada habitación, pero en ese clima es una idea maravillosa... si tienes los medios.

Una radio de onda corta fue traída e instalada para que pudiera escucharla. El vicepresidente de la Compañía Petrolera Árabe-Americana y su asesor legal cenaron conmigo. Vestidos con ropas árabes, hablaron de manera extravagante de la cortesía y las ganas de ayudar del Rey, y me hicieron un resumen de la organización de sus pozos y refinerías en el Golfo.

Apenas hube descansado un rato me llevaron a ver al rey. Cruzamos el patio, donde los guardias beduinos presentaron armas, atravesamos la amplia puerta del siguiente palacio y subimos lentamente un tramo de las escaleras hacia el Salón de Audiencias.

Cuando llegué a la cima reconocí a mi contacto, el oficial de barba roja que iba a presentarme a Su Majestad.

Iba justo a preguntarle algo mientras ambos pisábamos el último escalón, cuando me di cuenta de que en realidad estábamos en presencia del Rey. Ahí sentado, al final de la larga fila doble de tronos que conforman su *Majlis* (Corte), estaba Abdul-Aziz ibn Saud: sin dudas en un palacio magnífico, ciertamente regio y de aspecto autoritario... ¿pero sin guardias? No se podía ver ni una sola pistola o espada o cuchillo entre los sirvientes que estaban detrás de cada asiento. A ambos lados del rey se encontraban sus ministros y otras celebridades. Reconocí al embajador saudí en Londres; al Sheikh Sulaiman, el "mago financiero" de Arabia; al exiliado Mufti de ojos azules de Jerusalén y a muchos otros.

Lentamente, precedido por un paje y mi contacto, caminé hacia el Rey. No pudo levantarse pues una dolencia en la pierna implicaba que no podía moverse a ninguna parte sin una silla de ruedas, pero me agarró la mano y me hizo sentarme a su lado.

Yo había interrumpido uno de los boletines diarios de noticias, y esperé a que terminara. Cada día, el poderoso aparato de monitoreo de radio de Riad recoge transmisiones de varias estaciones extranjeras y a partir de este material se preparan boletines para el Rey. Un traductor se arrodilló ante él, leyendo los eventos del día con gran rapidez. Ibn Saud escuchaba con los ojos medio cerrados. De vez en cuando decía "repite eso", y lo volvía a escuchar. Finalmente despidió al hombre y pidió un café.

En sí mismo el ritual del café es una parte importante de la vida árabe. El cafetero avanza, reparte pequeñas tazas de porcelana que son suficientes para tres o cuatro sorbos. Luego, quitándose los zapatos sobre el borde de la alfombra, va de un invitado a otro llenando su taza y murmurando "que tu vida se alargue". Es costumbre vaciar la taza en no menos de tres "ingestas", por así decirlo. Esto sigue una tradición del Profeta en el sentido de que es descortés beber cualquier cosa de un sorbo.

El café que tomamos era aguado, de un dorado pálido, probablemente hecho con las cáscaras del grano moca: no del grano en sí, ya que esto es considerado por algunas autoridades como un estimulante y, por lo tanto, prohibido. Fue aromatizado con el ligero aroma de las semillas de cardamomo.

Si quieres otra taza, permites que el hombre la vuelva a llenar. Sin embargo, si uno no requiere más, no debe decir simplemente "no". El procedimiento correcto es agitar la taza dos o tres veces, de lado a lado. Esta costumbre surgió de los lejanos días en que se consideraba descortés que un huésped se atreviera a darles órdenes a los sirvientes de su anfitrión.

Cuando besé la mano del rey noté que uno o dos de los sheikhs importantes, ubicados a la cabeza del *Majlis*, giraron sus cabezas para ver *cómo* la había besado. La razón de esto es que si uno besa la palma de la mano de una persona, es una indicación de que se está buscando algún favor. Muchos son los cuentos de la munificencia del Rey para con aquellos que así han pedido su ayuda.

Es verdaderamente cierto que él tenía la costumbre de regalar autos, relojes de oro, bolsas de oro y joyas, a cualquiera que tuviera una necesidad genuina y se acercara a él. Sin embargo, debe recordarse a este respecto que el orgullo evitará que la mayoría de las personas pidan de esta manera. Y en Arabia Saudita, si has perdido tu honor por mendigar, no hay forma de recuperarlo.

Besé el dorso de su mano.

En nuestra conversación el Rey demostró estar completamente al tanto de todos los eventos actuales en el mundo; más de lo que yo estaba. Habló de asuntos internacionales, del papel del Islam en la vida moderna, de las cosas que el gobierno saudí estaba tratando de hacer por el mundo en general.

"Debemos comenzar en alguna parte; ¿dónde mejor que en nuestra propia tierra? Mi objetivo, y el de todos mis funcionarios, es hacer que este país sea digno del alto destino que Alá nos ha pedido que logremos como musulmanes. ¡Que Dios me conceda el tiempo suficiente para comenzar este proceso!"

Hablamos sobre una serie de temas, durante los cuales le mencioné al rey que planeaba escribir un libro sobre Arabia Saudita y el resto del Medio Oriente que había visto, y que esperaba que la idea tuviera su aprobación. "Tiene mi aprobación completa y te felicito. Que Alá te bendiga", dijo.

Este hombre tenía un cierto magnetismo que uno raramente ve. Mirando su larga figura atlética, erguida y galante incluso a sus setenta años, bien podría imaginármelo como un joven de diecinueve años, tomando casi sin ayuda el castillo de sus antepasados: la hazaña que allanó el camino para el regreso del régimen saudí a Arabia.

"Su Majestad", sentí que tenía que decir algo para explicar que no le había traído ningún regalo ni hecho favor alguno, "Alá ha ordenado que todo lo que traigo como regalo para su Trono es aquello que poseo: me ofrendo a mí mismo y mis servicios a usted."

El viejo rey sonrió, evidentemente complacido.

"Hijo mío, te acepto, en la medida en que eres tan querido para mí como si fueras mi propio hijo. Y te devuelvo a ti mismo para que puedas estar al servicio de tus compatriotas y correligionarios. Si alguna vez llegases a desear hacer de Arabia Saudita tu hogar, ven y dímelo. Y así será hecho."

Le hizo una seña a un sirviente y me obsequiaron una túnica de honor. Recibir una túnica de la mano de un Rey de Oriente es un gesto que implica que uno es miembro de la Corte Real. Había visto a mi abuelo hacerlo en numerosas ocasiones; conocía la etiqueta. Tomando su mano, traté de besarla otra vez y comencé a arrodillarme ante él. Él apartó mi mano. "¡Arrodíllate solamente ante Dios!"

Hice una reverencia, y después de la tercera taza de café (lo cual significa que la audiencia ha terminado) me retiré.

Sin embargo el consumo de esas tres tazas tomó algo de tiempo, durante el cual pude ver desde la cima al Reino Saudí en funcionamiento. Fue notable lo centralizada que estaba la administración. Antes de firmar cualquier papel, el rey Abdul-Aziz lo leía con atención o mandaba a que alguien lo hiciese para él. Algunos de los asuntos de los que se ocupó eran pedidos de las personas más simples que, teniendo quejas, simplemente creían que podrían escribirle al Rey al respecto. Se les respondió a todos.

Su cerebro parecía nítido como el cristal y su juicio tan fresco como el hielo. Cuando se le plantearon asuntos de intrincado recurso legal, emitió con voz entrecortada un juicio rico en frases árabes clásicas encantadoras. Casi como si se tratara de una acción refleja, sus decisiones brotaban para ser anotadas por los escribas. Citas del Corán, jurisprudencia de los enormes manuales de los Doctores de la Ley, ilustraciones y parábolas de la Vida de Muhammad: todo esto – y, además, buena parte de la historia – constituye lo que seguramente sean obras maestras del dictamen legal. Nadie parecía en absoluto sorprendido, pero a veces solo podía mirar las filas de figuras serias con túnicas; el asombro probablemente pintado sobre mi rostro.

Dejé a Ibn Saud con la extraña sensación de haber conocido a un gran hombre. Sé que es reconocido como tal por un gran número de personas, probablemente más calificadas para juzgarlo que yo; pero, a diferencia de algunas de ellas, tuve la inestimable ventaja de verlo en acción y saber qué es caer bajo el hipnótico hechizo de la grandeza.

Después de eso sentí que tendría pocos motivos de satisfacción con los hombres inferiores. Si me había desilusionado con los mortales relativamente insignificantes que hasta entonces habían parecido personas de cierto calibre... sentí que valía la pena. ¿Acaso no puede ser posible que valga la pena pagar el precio del cinismo? Yo, por mi parte, estoy seguro de que lo es, si es un precio así. Este no fue de ninguna manera el primer rey que he conocido. Pero fue el primer hombre que pudo ser – y fue – un líder de líderes.

No mucho tiempo después estaba sentado en un café turco y escuché, casi con incredulidad, el boletín de radio: “Su Majestad Abdul-Aziz ha muerto. A medida que llegan mensajes de condolencia de todo el mundo, su hijo mayor, Emir Saud, ha sido proclamado Rey de Arabia Saudita...”

CAPÍTULO XIII

Saud, hijo de Abdul-Aziz

Si Abdul-Aziz ibn Saud era el arquetipo de jefe patriarcal árabe, adaptado al progreso – si no a los modos – del Occidente mecánico, su hijo mayor es de otro tipo diferente.

Lo máximo que puedo aproximarme a brindar una descripción general del segundo rey de Arabia Saudita es diciendo que podría ser el ejemplo perfecto del potentado oriental cosmopolita y occidentalizado que les resulta familiar a los lectores de ficción ingleses: pero sin las desventajas. A diferencia de su padre, habla varios idiomas con fluidez y facilidad. Sus extensos viajes al extranjero le han dado ese equilibrio y la delicadeza diplomática que uno imagina que debería poseer un miembro ejemplar de la élite aristocrática. Si encontrases a esta figura alta, algo corpulenta y afable en cualquier capital occidental, al principio sería difícil imaginarlo como el soldado, administrador y la autoridad religiosa que realmente es.

Sin embargo, al hablar con él pude sentir el poder detrás de esas gafas con montura de acero; el cerebro nítido trabajando constantemente y sin fanatismo; el poder de juicio que aplicaba incluso en el asunto más nimio.

Saud, hijo de Abdul-Aziz, era un hombre maduro de personalidad fuerte con su propio lugar en la administración del país, mucho antes de la muerte de su padre. Su reputación se había forjado, primero, en los consejos tribales de los wahabíes durante el período de reconstrucción del país; en segundo lugar – e igualmente importante –, en el campo de batalla: donde se había ganado el nombre de partícipe en la conquista de Hail y comandante de ejércitos tribales en varias partes del país.

Fui a ver al Emir Saud a su palacio cerca de Riad: nadie podría haber ni remotamente adivinado dónde estábamos si lo hubieran proyectado directamente hacia dicho lugar.

Dejando atrás los imponentes muros de la capital, el auto ronroneó a lo largo de esa brillante cinta negra que es la carretera hecha de macadán que corre como una espada cortante a través las dunas arrastradas por el viento. Cuando nos acercamos a lo que parecía ser un exuberante oasis, observé a algunos de los hombres de aspecto más rudo que jamás había visto, ejercitando al son de las rugidas órdenes de un instructor militar. "¡Alto!" Las rectas figuras verdes se congelaron al unísono. Oleadas de calor bailaban entre sus filas. Aquí parecía más caluroso que en el propio Hejaz. En la fila de atrás, con los otros soldados rasos, divisé a un Príncipe saudí.

Ahora el "oasis" se acercaba. Resultó ser una especie de bosque en miniatura creado – como me dijeron – enteramente por el riego de varios pozos artesianos que habían sido hundidos a su alrededor, y que está situado a cinco kilómetros al oeste de Riad. Atravesando una cortina de árboles, el auto se deslizó por un camino de grava; y estábamos en un enorme jardín diseñado con todas las flores familiares de Inglaterra, brillando en todos los colores del espectro.

Cuando bajamos el horticultor se adelantó, saludó y me habló en indostaní: era un experto que había sido traído por Emir Saud para crear este jardín en el desierto.

Saud estaba sentado en la silla central de una larga fila que formaba su corte, extendida frente a uno de los lados de un inmenso lago artificial. Cuando nos dimos la mano sonrió como un tío rico y me indicó que me sentara a su derecha. Las otras enormes sillas doradas fueron ocupadas por varios funcionarios, jefes e invitados sauditas. Entre ellos se destacaba el "mago financiero" de Arabia, el jeque Abdullah Sulaiman de Anaza.

El hombre que ahora es Rey de Arabia Saudita pronto demostró tener una cualidad inusual en los líderes militares: estaba completamente seguro de sí mismo, relajado, tranquilo, casi indiferente. Todos los presentes escuchaban los chistes y la alegre y risueña charla de Saud. Todos sabían que aquí había un hombre que podía ir más rápido, disparar mejor, ser más sagaz y derrotar a cualquiera de ellos: lo había demostrado una y otra vez y podía repetir el proceso a voluntad. Sin embargo, a pesar de todo, no hubo ni un atisbo de pensamiento calculador, ningún signo de arrogancia... solamente la bondad de una mente abierta.

Habló de muchas cosas: de la cultura de Europa y sus derivaciones de la civilización árabe en España. Sabía de los efectos de la bomba atómica, de los problemas de sobrepoblación y seguridad social que enfrentaban diversas comunidades y países. Describió parte de la política de Arabia Saudita en relación con sus amigos y otras tierras musulmanas. Habló bien de Sir Winston y del rey afgano, mi propio monarca. Cuando la conversación se volvió hacia los caballos, el rey Saud ordenó que algunos fueran traídos de su establo y desfilaran ante nosotros para ilustrar varios de los puntos más sutiles de la vida. Escudriñando la fila de oyentes – habiendo yo mismo presenciado muchos discursos de jefes orientales – nunca detecté ninguna de las pequeñas señales que le dicen a un observador que aquí se está tolerando una experiencia por un motivo oculto. En la mayoría de los temas, Saud sostenía nuestra atención con la fuerza, el encanto y la simple penetración de sus palabras. Acaso lo compares con un orador que "siente" a su audiencia y que sabe exactamente qué decir y cuándo decirlo.

Saud también habla el inglés más deliciosamente idiomático. A veces, cuando se refería a cosas esencialmente británicas se volvía hacia mí y, mientras hablaba, podía imaginarlo fácilmente como un tutor de Oxford: con esa fraseología precisa, contenida y no afectada que en muchas ocasiones me deleitó en Oxford.

Otra cosa que parece distinguir al nuevo rey de Arabia es su memoria retentiva. Si yo hablase de los nuevos arreglos de cuarentena en Yeda, él respondería con una revisión apabullantemente detallada de los problemas y desarrollos allí. Cuando mencioné los camellos, me regaló uno de los momentos más atrapantes de mi vida al describir los tipos, colores, tamaños y razas. Luego pasó a contar instancias legendarias de su resistencia y las cualidades sobresalientes del animal. Saud terminó hablando de las diferentes razas y su propia experiencia en la producción de varios tipos para diferentes ocupaciones. "El camello nunca se extinguirá. Puede que sea reemplazado en algunas esferas por una máquina más eficiente. Pero, ¿qué máquina te da leche, carne, ropa, transporte y compañía… y todo apenas por un poco de heno y agua? Además, cuando las condiciones cambian, adaptas tu vehículo motorizado u otra máquina a las nuevas tareas. Uno puede hacer lo mismo con el camello: criando. La cría es la clave de muchas cosas, y es mejor no adoptar una opinión demasiado dogmática en su contra; tiene su lugar. El problema que tienen demasiadas personas es esta tendencia a ser unilateral sobre las cosas. Mira al camello críticamente, por supuesto: pero míralo constructivamente también… y no solo al camello ..."

Me fascinó ver la forma en que este príncipe del desierto, con todo el conocimiento de Occidente detrás de él, aprovechaba cada oportunidad para ofrecer una lección – y una ilustración – sobre lo que al principio parecía un tema irrelevante.

Al llegar la noche un anciano wahabí, vestido con la sencilla túnica marrón y la austera diadema negra de los Hermanos, se levantó de su lugar, fue al borde del estanque y convocó a la oración del atardecer. Saud se levantó. "¿Rezarás con nosotros?"

Ahora bien, los wahabíes – como he mencionado antes – son probablemente la facción más reservada del Islam. Ningún wahabí bebe alcohol, fuma tabaco (o cualquier otra cosa), toma estimulantes, escucha música o usa seda. Toda ostentación está totalmente prohibida. No se fomentan los minaretes y las cúpulas de las mezquitas. La fotografía y los retratos también están prohibidos.

Nos lavamos las manos, la cara y los pies en una fuente especial, y caminamos hacia el otro lado del estanque para ubicarnos detrás del líder de la oración. Los wahabíes, como otros musulmanes, no tienen ningún sacerdocio; y en ese momento dado, quien esté más familiarizado con el Corán, dirige la oración.

En esta ocasión formamos así: mozos de cuadra, sirvientes, príncipes e invitados, en varias filas paralelas orientados hacia La Meca, mientras el Doctor en Derecho con barba gris recitaba un pasaje del Corán. Durante la oración todos son considerados iguales y Saud se paró en el medio de mi fila.

Incluso esta recitación fue de algún modo interesante para mí. En lugar del canto melodioso y vacilante de los musulmanes más liberales, los wahabíes declaman los versos rimados del Corán árabe sin la menor desviación de la lectura normal. Cualquier otra cosa que no sea una representación directa se consideraría algo parecido a la música... y eso es *Bida* (innovación), a la cual los wahabíes ven con malos ojos.

En algunos países del Medio Oriente los asesinos consideran que el momento de la oración es el mejor para atacar a su víctima. Aquí, absorto en sus devociones, desarmado y desprevenido, es una presa fácil. Por esta razón, los reyes y otros personajes importantes frecuentemente oran protegidos por dos guardias armados: uno delante y otro detrás; pero Saud, hijo de Abdul-Aziz, no lo hace así. Su misma valentía podría ser un fuerte disuasivo para un posible asesino.

Después de las oraciones entramos al Palacio de Badia para ver algunos de los valiosos tesoros artísticos orientales y occidentales que Emir Saud había recolectado durante sus viajes o como regalos. Pasamos habitaciones que contenían armas, trofeos de caza, armamento y armaduras del período de la grandeza islámica. Todoas estaban decoradas con un gusto simple pero perfecto, y solo el valor de las alfombras persas debe haber sido casi incalculable.

Pero el departamento ocupado por el hijo del desierto era extremadamente simple. En una esquina de una habitación bien ventilada había un aparato de radio, una mesa y un sillón. Una alfombra de buen diseño pero no lujoso cubría el piso. No había imágenes, ni representación de la forma humana o animal: era la Ley Mosaica, continuada por el Islam, contra imágenes grabadas.

El palacio fue erigido sin reparar en costos. Me pareció completamente autónomo. Una planta eléctrica proporcionaba energía para iluminación, refrigeración, bombeo de agua y el resto. Los garajes y los establos estaban separados del enorme edificio blanco pero eran de fácil acceso. El techo plano estaba delicadamente cubierto con pantallas de madera con diseño persa para atrapar el viento y desviarlo por todo el palacio.

Pensé que sería un abuso de su hospitalidad pedir que me permitiesen tomar fotografías, ya sea aquí o en la audiencia con el padre de Saud. Después de todo, La Meca era otra cosa y allí me arriesgué a ser detenido. Pero aquí tendría que preguntar y pedir algo que se sabe está en contra de las creencias wahabíes; bueno, eso podría perdonársele a un infiel pero no lo esperarían de mí. Entonces mi cámara permaneció en su estuche. No tuve la oportunidad de estar solo y, por lo tanto, de tomar una foto del palacio o del jardín. Fin del asunto.

Era la hora de cenar. Me preguntaba si sería otra de las fiestas maratonianas, a veces durando toda la noche, que parecían comunes en el sur.

Pero no. La mesa – a la que se sentaban unas ciento cincuenta personas – estaba colocada sobre un césped, bajo la sombra fresca de las palmeras. A lo largo de la hierba había lámparas eléctricas estándar ubicadas a intervalos regulares. La comida fue completamente al estilo europeo, aunque con muchos extras en forma de guarniciones de origen árabe y turco.

Durante las comidas árabes corrientes no es educado hablar en absoluto. Sin embargo, el Príncipe Saud, cuando cenaba al estilo occidental, mantenía la conversación con brío y entusiasmo en tres o cuatro idiomas. Se nos sirvió una deliciosa sopa de apio, un pescado, pilau con trozos de cordero acompañado con arroz teñido de azafrán, que los árabes conocen como *Roz Bokhari* (arroz bujarí) pero al cual identifiqué como el plato nacional de los pastunes. Había todo tipo de vegetales verdes, en escabeche, como ensaladas y cocidos, también en guarniciones. Cuando trajeron los pollos el Emir insinuó que se esperaba que cada hombre comiera tres, y aquellos que se consideraban débiles y no aptos para ser soldados deberían ponerse de pie y pedir que se les perdonase ese número. Un especialista médico alemán que se sentó frente a mí – quien acababa de volar para examinar al Príncipe – no lo entendió, se puso de pie para un brindis y el alegre Saud lo empujó juguetonamente a su asiento. Como la mayoría de los árabes, no hay nada que él disfrute más que una broma.

Saud se parece tanto a una versión más joven de su padre Abdul-Aziz, que pude entender bien el famoso comentario de Churchill durante su reunión con ellos en tiempos de guerra de que apenas podía distinguir entre los dos. En cuanto a tamaño, porte y rasgos, no parecía haber ninguna diferencia. Sentados allí en el jardín, con la suave oscuridad árabe que se les venía encima a las bombillas eléctricas de baja potencia, la semejanza parecía aún más fuerte.

Hubo un gran debate sobre el libro que yo iba a escribir sobre este viaje. Alguien dijo que no debería omitir ningún detalle del progreso moderno de la tierra saudita; otro consideró que un tema apropiado sería el crecimiento del país con referencia directa al propio Rey. Todos parecían estar bien versados en la gran cantidad de libros de viajes, que habían aparecido en la Europa y América de entreguerras y también después, que trataban sobre los árabes.

Una cosa particularmente notable sobre el sentimiento en esa ocasión fue que – en general – los sauditas parecían sentir que la literatura contemporánea no los había dejado bien parados. “Los viajeros que escriben con tanta autoridad sobre Arabia y los árabes, rara vez visitan Arabia Saudita, la verdadera Arabia”, dijo uno. “Puede que vayan a zonas arabizadas como Siria, Irak, Jordania y que luego simplemente relaten lo que el taxista les dijo o que llenen una página tras otra con descripciones de la vida y las andanzas, que no parecen representar mucho más que los márgenes de Arabia”. Señalé que, a excepción de los musulmanes, nadie era realmente libre de deambular por el país. Además de Yeda donde casi cualquier persona podría ir si tuviera una visa, hoy Arabia es un país prácticamente cerrado. St John Philby, el escritor musulmán inglés, había publicado mucho y estaba escribiendo más. Parecía no haber alternativa, dado que era improbable que Arabia Saudita estuviera alguna vez abierta a los viajeros.

Saud sintió que, siendo este el caso, los escritores de viajes deberían dejar en claro que generalmente no escribían sobre la verdadera Arabia en su conjunto sino acerca de los países limítrofes de la civilización árabe. Debo agregar aquí que estoy seguro de que la intención de su comentario no fue otra que la de aclarar la situación. Nunca mostró la más mínima hostilidad para con las tierras vecinas arabizadas: todo lo contrario.

"Está en tus manos, entonces", dijo, volviéndose hacia mí. "Has estado en el Hejaz y Nejd. Déjanos ver lo que puedes producir. Me imagino que como escritor tendrás el problema de saber, no de qué país te vas a ocupar... sino cómo tratar el tema."

Esta experiencia impresionante me pareció un clímax apropiado para la emoción de la peregrinación. Ahora el Sudán me hacía señas: el mahdismo, las cúpulas de Omdurman...

CAPÍTULO XIV

En busca de las minas de Salomón

Había algo extrañamente familiar – y al mismo tiempo muy extraño – acerca de la atmósfera de Puerto Sudán. Apenas un vuelo corto en un avión árabe, un salto a través del Mar Rojo y yo estaba en otro mundo.

Las banderas gemelas británicas y egipcias del condominio ondeaban sobre una ordenada colección de edificios aeroportuarios. Nos detuvimos en una parada, y un oficial negro carbón limpió toda la máquina con DDT. Cuando la puerta se abrió, y los parpadeantes pasajeros fuimos guiados hacia la dura luz del sol, una camioneta llena de figuras vestidas de color caqui apareció de golpe, sus rostros brillantes adornados con la especie de sonrisa redonda y tranquila que habría sido desconocida en la solemne tierra saudita.

Después de estar un año en la Tierra Santa del Islam, de los refrescos y las costumbres estadounidenses, y lo que solo puedo llamar "mentalidad del desierto", volví a experimentar la sensación de estar en una sociedad de inspiración británica. No es que pareciera haber alguien del Reino Unido a la vista. Funcionarios de aduana, policías, ociosos vestidos de blanco: todos eran sudaneses.

La sensación se profundizó en la ciudad misma. A lo largo de los casi tres millones de kilómetros cuadrados del Sudán hay un aire al viejo mundo británico que, de alguna manera, nunca es incongruente.

Hileras de edificios perfectamente espaciadas, sirvientes imponentes con cortes tribales en sus mejillas luciendo insignias inglesas en sus turbantes blancos, autos británicos que circulan por la izquierda y no por la derecha: estas y otras cien cosas me golpearon con una fuerza considerable.

Tenía tres objetivos principales en el Sudán. Quería ver al fabuloso Sir Sayed Abdur-Rahman, líder del movimiento Mahdi iniciado por su padre y que está asociado con la guerra de Kitchener y Gordon. Quería obtener la primera imagen, si fuera posible, del interior de la Tumba del Mahdi en Omdurman; ver algo de las minas que se dice que fueron trabajadas por súbditos (o jinn, dependiendo de tu mentalidad) del Rey Salomón, hijo de David; y había otra cosa. Poco después de aterrizar escuché que no estaba permitido tomar fotos en el edificio de la Asamblea Legislativa en Jartum, por lo que me pareció que también sería una buena idea intentarlo.

Se habían tomado fotos formales, pero en realidad ninguna durante los debates. Quería entrar de alguna manera y darle a mi cámara oculta una chance para entrar en acción. Según mi parecer, la Tumba era la más peligrosa. Lo peor que podría pasarme si fuese atrapado en el edificio del Parlamento sería la deportación... y probablemente ni eso. Pero estando solo en Omdurman, entre los entusiastas absolutos del Mahdismo, uno podría ser tratado con rudeza ... como mínimo.

Primero decidí tomarme unos días libres y probar las delicias de Port Sudan. Esa tarde de otoño paseaban los sudaneses de largas extremidades a través de las calles, casi invariablemente vestidos de deslumbrante blanco. Se podía decir por sus turbantes si pertenecían o no al partido Mahdista. Algunos partidarios de Egipto vestían el fez, y los uniformes sin distintivos de color caqui también parecían estar de moda. Las familias indias con su vestimenta nacional daban un toque de color a la monotonía de la arena africana. Allí en el puerto partí de viaje en un bote con fondo de vidrio, fascinado por los peces multicolores del Mar Rojo que deben tener cierto valor para algún acuario.

Aquí, cualquier persona con una cámara de cine y película en color podría hacer un largometraje que valiese la pena, sin siquiera aventurarse fuera del refugio del puerto. Se susurra que ciertos intrépidos exploradores habían hecho exactamente eso, para diversión de los sudaneses cuando las películas se proyectaban allí.

Es un pasatiempo bastante local el visitar los barcos de India y Adén que han amarrado aquí durante el día. Multitudes de peregrinos indonesios, con pareos rojos y verdes, daban la bienvenida a sus compatriotas desde un barco repleto de australianos en camino al Reino Unido. Cuando un grupo de turistas de habla inglesa se detuvo para ver la medusa azul arrastrada hacia la orilla, levanté la cámara... olvidando mis túnicas árabes, sandalias, rosario y rizada barba negra. "¿Podría sacar una foto, por favor?"

Parecieron congelarse en el lugar. Entonces todos se echaron a reír. Aparentemente eran australianos: madre, padre y tres hijas adolescentes. El padre me sonrió. "¿Quién te crees que eres amigo, Lawrence de Arabia?" Supongo que algo no encajaba. Debe haber sido mi inglés. Pero no lo podía evitar pues había ido a la escuela en Inglaterra. No sabía si estar molesto o no. Pero volví al hotel, me afeité la barba y me puse un traje blanco.

Aquí y allá, entre la multitud de gente del pueblo, veía a pequeños grupos de hombres que avanzaban decididamente hacia el puerto.

Bajo sus brazos llevaban un largo y grueso rollo de cuerda de pelo de camello: la insignia del trabajador portuario desde los días de *Las mil y una noches*. En sus cabellos asombrosamente lanosos estaba pegado el tradicional rizo que mostraba que eran Hadendowa: los Fuzzy-Wuzzies, los "paganos ignorantes pero endiabladamente buenos combatientes" que rompieron el emplazamiento británico durante la guerra de Sudán ("porque no sabíamos que era invencible", es el chiste que disfrutan hoy tanto sudaneses como británicos en estos tiempos cordiales), y nunca lo han olvidado. Estos, como había escuchado, eran los vagabundos y camelleros a quienes la naturaleza había delegado el circundar la supuesta zona de las minas de Salomón.

Después de mucho pensar y planificar, partí hacia el norte a lo largo de la costa del Mar Rojo para buscar las minas. Suena simple, pero si tienes alguna idea de la geografía verás que era una idea bastante tonta. Durante cientos de kilómetros no hay nada más que desierto a un lado, agua salada al otro. Los pozos son pocos y distantes entre sí: aquí no hay un Ibn Saud para que de la nada aparente perfore pozos artesianos; ninguna lámpara mágica llena de aceite árabe para evocar carreteras asfaltadas y vigilar la "tierra libre" que los Hadendowa llaman hogar.

Mi información era escasa y mi capital pequeño. Sabía que en algún lugar aquí vivía un terco irlandés – y su esposa – que, después de veinte años de dificultades estaban sacando provecho de las minas. También sabía que la gente no debía visitar el área. ¿Por qué? Hay motivos a raudales. Las autoridades civiles señalaban el hecho innegable de que, solo recientemente, un camión cargado de exploradores imprudentes se había perdido y todos murieron en terrible agonía por la sed. Los civiles locales susurraron que los Fuzzy-Wuzzies no eran confiables y lucharían contra cualquiera que ellos consideraran que podría intentar abrir las minas. Algunas personas en un café árabe dijeron que sus amigos habían tratado de llegar a los arrecifes pero que sus cabezas habían sido educadamente devueltas por los miembros de la tribu, con el mensaje de que "siempre estarían encantados de devolver cualquier cabeza de los viajeros que se extraviaran, para que fuese enterrada."

Los jóvenes de mentalidad política con quienes me encontré en varias oficinas y clubes juraban (dependiendo de su afiliación) que los británicos o los egipcios no querían que la otra parte obtuviera primero el fabuloso tesoro.

Un funcionario del estudio geológico sostuvo firmemente que allí no había oro. No, no había sido examinada por algún tiempo; no había mapas. No había en absoluto ningún artículo periodístico allí, solo sed y Hadendowas. Ningún escritor había estado allí.

No mencioné que tenía un diploma de geología o que había examinado muestras al otro lado del Mar Rojo en Arabia, lo que me hizo pensar que el trabajo allí se complementaba con minas sudanesas, porque sentí que esto podría despertar sospechas de que estaba trabajando para egipcios, británicos o consorcios del oro.

Después de mucho deambular me topé finalmente con los cientos de inmensos trabajos que alguna vez abastecieron las riquezas de los faraones.

A pesar de la expansión incomparable de casi todas las formas de producción e industria en esta tierra, cuyo tamaño es un tercio del de Europa, las minas que anteriormente producían tesoros nubios tanto para África como Asia siguen sin funcionar: o sea... oficialmente.

Había buscado registros antiguos e historias de viajes, había hecho algún tipo de estudio sobre las formas y la historia de los egipcios dinásticos y los israelitas, y estaba completamente convencido de la existencia de las minas y de las riquezas que alguna vez habían proporcionado.

Los sudaneses, nubios, faraones, fenicios y árabes han luchado e intrigado por el control de la industria de extracción del oro. Hoy, trabajando en algún lugar entre pilas de desechos de seis mil años de antigüedad, estaba ese solitario minero irlandés; no encontré rastro de él, pero lo conocí más tarde en un hotel de lujo en Jartum donde estaba pasando unas vacaciones con su esposa. Me dijo que las cosas serían mucho más fáciles si el capital local estuviese interesado en el plan para reabrir minas, pero aquí el dinero se multiplica tan rápido por el algodón que realmente hay muy pocas posibilidades de que alguien invierta algo en oro. Me contó mucho sobre el área donde trabajaba, pero debido a ciertas razones no pude decir que ya había estado en el campo.

En un lugar – cerca de Dareheib – encontré dos castillos de pizarra que probablemente daten de la época faraónica, elevándose sobre explotaciones que se extienden por cientos de metros. Aquí, la roca que contiene oro todavía alcanza un grosor de casi siete metros y los análisis mostraron el rendimiento comparativamente alto de ciento trece gramos por tonelada. Pero, ¿cómo proporcionar agua para los procesos de lavado, dónde obtener y cómo transportar los rodillos de trituración, las mesas de amalgamación? ¿Cómo ganarse la simpatía de los acechantes Hadendowas y cómo hacer que trabajen para ti, especialmente cuando podrían – y así lo hicieron – realizar su propia extracción en una escala modesta pero suficiente? No son un pueblo codicioso y la oferta de mayores riquezas, de las que ellos mismos podrían obtener a partir de lo que consideran sus propias minas, no los atraería en lo más mínimo.

Cuando Sudán y Abisinia pasaron a formar un solo país – el área indefinida del interior del antiguo Egipto – este y ningún otro fue el centro de una actividad febril para extraer metales preciosos en respuesta a los incesantes reclamos del Emperador. Muchos miles de esclavos trabajaban día y noche – literalmente, como lo muestran los registros contemporáneos – acumulando para los monarcas del Nilo un tesoro tan grande que, incluso hoy, es casi incalculable.

¡El oro se volvió tan abundante en todo Egipto durante la época de Menes, el primer faraón conocido, que comparativamente el valor de la plata era superior!

Imagina la escena. En algunos lugares las entradas a las minas están selladas o se han perdido, habiendo sido bloqueadas por los sudaneses cuando los conquistadores árabes arrasaron el país. En la mayoría de los casos, los enormes montones de desechos – que se parecen a los de la Inglaterra industrial – se destacan tanto contra el marrón pardo del desierto como el azul del cielo. Sin verse afectada por la acción de la fina arena soplada, la roca de matriz de sílice brilla, aquí y allá, con pequeñas motas de oro falso.

Una vez dentro de una de las explotaciones hay algo más que inquietante acerca del laberinto silencioso de las galerías que se cruzan, las pilas abandonadas de crisoles de barro y el extraño silencio del lugar.

Ahora millones de murciélagos moran en lugares donde incluso la preservación de marcas de cincel parece indicar una explotación reciente. Pero es imposible que tales túneles hayan sido cavados sin la labor de literalmente miles de trabajadores. Se necesita poca imaginación para sentir, como lo hice más de una vez, que uno podría encontrarse con un soldado bárbaro haciendo guardia sobre las reservas cuidadosamente apiladas de quizás cincuenta mil crisoles: cada uno siendo una réplica completa (o acaso debería decir prototipo) de aquellos que todavía están en uso en los laboratorios, sesenta siglos después.

Somos afortunados por tener acceso a descripciones detalladas de los métodos de trabajo utilizados en esos días. Agatárquidas, tardíamente escribiendo en el año 140 a. C., cuenta del período en que la industria alcanzó el pico de su eficiencia.

Miles de prisioneros de guerra y a veces familias enteras esclavizadas en la furia del calor casi ecuatorial bajo el azote de implacables guardianes mercenarios y bárbaros. Describe cómo "grandes cantidades de personas llevan grilletes y están obligadas a trabajar día y noche sin pausa, y sin esperanza de escapar. Porque están bajo soldados salvajes que hablan una lengua extranjera y no hay trato posible con ellos".

En la zona donde estuvieron algunos de estos campamentos de esclavos, las chozas de los trabajadores perduran hasta el día de hoy. Cada doscientos metros el patrón monótono de las viviendas construidas en arcilla se rompe con una casa más grande y mejor construida. En esta probablemente vivieron los guardianes asignados a esta sección particular del barrio de esclavos.

La extracción de oro bajo los egipcios no fue un asunto fortuito, sino una industria altamente organizada. No cabe duda de que, debido al hecho de que el territorio nunca ha sido inspeccionado de manera adecuada, acaso existan muchos depósitos realmente ricos que esperan ser redescubiertos. En un momento, durante los primeros años de interés occidental en el Sudán, las empresas brotaron y buscaron derechos de explotación y exploración, pero rara vez progresaron mucho. Los capitalistas – al menos durante ese tiempo – nunca estuvieron marcados por el espíritu pionero que se necesitaría casi en la enésima potencia para sobrevivir aquí.

Me parece que hay evidencia de que una gran cantidad de estas excavaciones fueron abandonadas o bloqueadas deliberadamente en varios períodos de la historia, probablemente ante el advenimiento de invasores. Esta es una explicación de por qué se cree que las minas conocidas en la actualidad no son aquellas de las que se obtuvieron los mayores tesoros: su producción probablemente nunca fue tan alta como los depósitos descritos por los antiguos, ni tan lucrativo. Debe recordarse que incluso el trabajo esclavo puede no ser rentable, ya que hay que pagarles a los guardias mercenarios y se debe proporcionar algún tipo de sustento para los prisioneros. Los geólogos opinan que el agua y los alimentos naturales nunca fueron suficientes para apoyar a ningún tipo de comunidad, por lo cual su suministro significaría un gasto.

Si, como mera hipótesis, alguno de los legendarios ricos filones fuera a ser descubierto hoy por algún viajero, podría haber considerables posibilidades de desarrollo. Yo, por mi parte, estaría más que interesado en profundizar este fascinante problema.

Con los túneles aún intactos, y algunos de los equipos antiguos disponibles para el uso, no es sorprendente que los Fuzzy-Wuzzies locales lleven a cabo una especie de "industria esqueleto" en la extracción de oro. Al tomar pedazos de roca portadora de oro – que han aprendido a identificar –, los astutos guerreros los aplastan y los separan, al igual que sus predecesores hace varios miles de años.

Durante el siglo XVII a.C. tan solo los nubios de esta zona proveían a Egipto un tributo de £ 750.000 en oro cada año de sus propias minas, según los registros. En la época de la decimonovena dinastía (en el siglo XIV a. C.), se afirmaba que las minas de oro enviaban anualmente el equivalente actual de £ 650.000.000 de libras esterlinas, como nos informa Diodoro en sus *Crónicas*.

Y la mayor parte de esto era ganancia neta. A los prisioneros no se les pagaba ni vestía; sus casas fueron construidas por ellos mismos, "no se les presta atención, ni siquiera tienen un trapo para cubrirse y su condición es tan desdichada que todos los que la presencian lamentan la miseria excesiva que soportan. No tienen descanso, y no se les da tregua ni a los enfermos ni a los mutilados"... así escribió Agatárquidas.

Todavía hay misterios que rodean las extrañas y desiertas minas nubias. Se desconoce de dónde obtuvieron los antiguos el agua que debieron haber usado. Si bien hay algunas minas cerca de los bancos del Nilo, donde se puede obtener abundante agua, en otros lugares el manantial o pozo más cercano pueden estar a más de cien kilómetros de distancia. Es obvio que se usó agua: el equipo que inspeccioné allí demuestra que era en gran medida indispensable para las obras aunque no para los prisioneros. La evidencia geológica sugiere que es casi seguro que no hubo en tiempos humanos un suministro de agua en la parte apropiada de estos desechos arenosos. Es cierto que no hay nada – aquí ni en ningún otro lugar – que demuestre que los pueblos de aquellos tiempos poseían aparatos mecánicos que separasen el oro de la mena, para los cuales no se usaría agua.

Cuando los árabes conquistaron el país en el siglo VII, sus propias leyendas de las minas del rey Salomón les dijeron que las buscaran al norte de lo que ahora es Puerto Sudán. La aparente falta de explicación de cómo realizaron la minería y otros misterios fueron explicados claramente, en sus mentes, por los mismos cuentos legendarios del Hijo de David.

No es difícil ver por qué. ¿Cómo, por ejemplo, podemos explicar el método de iluminación de un túnel de casi trescientos metros que no tiene indicios de que se haya utilizado luz artificial? A diferencia de la mayoría de las minas de antigüedad similar, no hay rastros de carbono de lámparas o velas en las paredes o techos. Solo se ha encontrado *una lámpara*, de un período romano tardío, y esto a pesar del hecho de que entre los cientos de reliquias de la época – aún dispersas localmente en profusión – hay todo tipo de artículos de uso contemporáneo, incluso hasta pequeñas posesiones personales como peines.

Si se hubiesen utilizado lámparas u otros medios artificiales de iluminación, se podría argumentar que algún rastro de ellas quedaría. La inspección básica de los trabajos subterráneos mostró que sería imposible para una persona normal (o incluso, si se trata de eso, anormal) trabajar a lo largo de los filones sin alguna forma de luz portátil.

Según la historia árabe, las minas fueron realmente trabajadas por *jinn;* y estos genios usaron métodos mágicos de iluminación y trabajaron sin cesar para su amo, el Señor de todos los seres sobrenaturales. En Arabia se encuentran minas comparables, que han sido excavadas exactamente de la misma manera. Las que vi allí – a menos de cuatrocientos kilómetros de distancia, justo al otro lado del Mar Rojo – son casi idénticas a las "minas misteriosas" sudanesas y acaso hayan sido trabajadas aproximadamente en el mismo período e incluso por la misma gente. Los historiadores han acordado que las minas de Arabia (Hejaz) y las de la tierra de los Hadendowas pueden muy bien datarse de la época del rey Salomón.

Después de extraer el mineral pieza por pieza, como obviamente hicieron los esclavos, ¿cómo sabían qué pedazos contenían oro? Porque ellos ciertamente lo sabían. Es imposible adivinar el método utilizado en aquel entonces. Sus métodos de clasificación eran tan asombrosamente eficientes que, en cientos de toneladas de mineral rechazado, solo unas pocas piezas que contenían oro pagable parecen haber escapado a su escrutinio. El oro que se halla en cuarzo es a menudo invisible a simple vista: sin embargo, estos hombres de la época del faraón lo encontraron. Sabían, sin pulverizar la roca, si contenía la cantidad de oro suficiente para que valiese la pena su extracción.

En cuanto al artículo terminado, el antiguo oro egipcio recientemente analizado científicamente demostró ser de 22,3 quilates puros: solo siete décimas de quilate eran impurezas.

En el sur profundo del Sudán me mostraron otra forma de extracción del oro durante mi búsqueda de las minas de Salomón. En la frontera etíope, los negros criban polvo de oro y pepitas del arroyo. Ellos, como sus compañeros en el norte, se refieren a esta área como las Minas de Salomón.

La fabulosa "Tierra de Punt" de la antigüedad, probablemente estaba compuesta por el Sudán más los países del lado árabe del Mar Rojo: Yemen y el Hejaz. Cuando uno recuerda que, tal como se dice, fue de "Punt" que el rey Salomón recibió sus tesoros dorados, se podría argumentar que las minas de Sudán forman parte del grupo que enriqueció al antiguo rey israelita.[4]

Mil años antes de Cristo, los fenicios comerciaron con Sudán, Etiopía y Yemen. También tenían, según nos dicen, fuertes lazos con Salomón y trabajaron con él en emprendimientos mercantiles.

Cualquiera que sea la verdad del asunto, no es mucho lo que se puede establecer definitivamente hasta que se descubra más evidencia escrita.

[4] El veterano ingeniero estadounidense K. S. Twitchell habla de la leyenda de que la mina Umm-Garayat, al otro lado del Mar Rojo en Arabia Saudita, fue "trabajada por mineros del rey David, padre del rey Salomón". También concluye que el Mahad-Dhahab (Cuna de Oro) cerca de Yeda, "podría haber sido una fuente del oro del rey Salomón. Posiblemente se le pueda llamar una de las minas del rey Salomón". (Cf. Twitchell, KS: *Saudi Arabia*, Princeton University Press, 1947, págs. 160-1. En muchos otros puntos de la vida moderna en Arabia Saudita, este libro está muy desactualizado: un hecho que demuestra que hoy el progreso allí es más rápido de lo común, aunque a partir de evidencia interna es probable que la mayoría del material y las fotografías del libro se hayan recopilado mucho antes de la fecha de publicación).

Sin embargo, las reputadas minas de Salomón tienen un atractivo que parece tirar de la mente. La necesidad de buscar oro probablemente exista en la mayoría de las personas, y llegará el momento en que las minas de Salomón reciban la atención de otros buscadores. Y siempre creeré que hay espacio para la búsqueda entre los monumentos silenciosos de un área poco visitada.

Me sacudí la magia de la Tierra de Punt porque era hora de viajar tierra adentro, al corazón del territorio mahdi.

CAPÍTULO XV

El Mahdismo en marcha

HACE SESENTA AÑOS el general Gordon murió en el Sudán y toda Inglaterra estaba ansiosa porque el temido Mahdi, el líder religioso de siete millones de personas y dos millones y medio de kilómetros cuadrados, amenazaba con librar todo África y Oriente del dominio extranjero.

Muhammad Ahmed, aprovechando ciertas profecías tradicionales sobre el "Correctamente Guiado", quien habría de liberar al Islam y guiar a los fieles a la victoria final sobre el mundo, elevó el nivel de rebelión contra Egipto en la década de 1880. Muhammad Ali ("El Grande") de Egipto, un hombre impulsado por un ardiente deseo de ver fuerte a su país, revivió el antiguo sueño de un Gran Egipto, extendiéndose desde el Mediterráneo hasta el ecuador, y de una nueva dinastía faraónica. Algunos sudaneses se opusieron a las tropas egipcias en su país. El Reino Unido fue arrastrado como un participante poco dispuesto: por ende la expedición de Gordon y Kitchener que pareció haber aplastado por completo el poder del Mahdismo.

El Mahdi estaba muerto, su familia y literalmente decenas de miles de sus seguidores perecieron en el campo de batalla de Omdurman. Incluso el cadáver del líder fue desmembrado y arrojado al Nilo Blanco "según el mejor consejo posible". La era del "condominio" angloegipcio había llegado. Una cosa impidió la destrucción completa del credo derviche militante. Un delicado niño de diez años – pequeño para su edad – que huía hacia el sur más allá de Jartum, fue exento de ser ejecutado por los hombres de Kitchener. “Demasiado joven”, dijeron. Había habido suficiente derramamiento de sangre. Seguramente eran suficientes los cadáveres destrozados con sus túnicas emparchadas de derviche – orgullosos emires y secuaces del califa – que habían encontrado su muerte. La destrucción, acaso la derrota, de los designados conquistadores sudaneses del mundo fue completa. Ya se ha escrito lo suficiente sobre esa campaña, y yo estaba más interesado en ese niño de diez años.

Hoy ese hombre es un multimillonario cuyas palabras resuenan a lo largo de un territorio que es de un tercio del tamaño de toda Europa, desde las selvas ecuatoriales hasta los desiertos de la costa del Mar Rojo.

Salí de Puerto Sudán en un tren con aire acondicionado, viajando día y noche durante veintidós horas a través de lo que parecía merecer el nombre de “desiertos interminables”, si es que merecía algo. Hora tras hora el panorama caqui apenas cambiaba. Lo máximo que se podía ver era desierto, árboles de acacia atrofiados, a veces un grupo de chozas que mostraban un pequeño pueblo o estación. Nos estábamos adentrando en la tierra mahdi y acercándonos a Jartum, la capital en el cruce de los Nilos gemelos.

Cada vez que nos deteníamos en una estación, los letreros en árabe e inglés nos decían: LANZAR MONEDAS O ALIMENTOS A SUDANESES ES FOMENTAR LA MENDICIDAD Y REDUCIR EL RESPETO POR SÍ MISMO. Sin embargo, a nadie parecía molestarle mucho y las figuras pequeñas y atractivas ofrecían cortésmente canastas de colores “en venta”. A cien metros de distancia, las chozas de concreto con forma de colmena donde vivían los lugareños se veían momentáneamente atestadas de ancianos reservados, mirando para ver qué suerte tenían sus hijos con los pasajeros. Parecían tener mucha suerte.

Un funcionario ferroviario que estaba en el mismo carruaje contó algo divertido sobre estas colmenas. Las autoridades ferroviarias, dijo, se sintieron molestas por el hecho de que las chozas de barro y paja habían sido declaradas antihigiénicas y peligrosas. Como el ferrocarril es una de las organizaciones más poderosas aquí, inmediatamente decidieron actuar. El tipo tradicional de choza fue medida, pesada, inspeccionada... y rehecha con concreto higiénico. Entonces estas colmenas fueron construidas y ofrecidas a los lugareños a cambio de sus propios hogares insalubres, que fueron demolidos y quemados. Los sudaneses se mudaron obedientemente. Tardaron apenas un día en descubrir que, adentro, las chozas eran infiernos absolutos. Parecían dejar entrar el calor y no se enfriaban lo suficientemente rápido por la noche. Así que tomaron agua y zarzos frescos y comenzaron nuevas aldeas pequeñas a una distancia respetuosa de los horribles hornos del ferrocarril, que ahora son conocidos como "Infiernos ingleses".

Teóricamente, dijo mi amigo, ahora todos están felices. Las moradas oficiales de la gente son chozas de concreto. Se supone que sus cabras viven en las chozas de zarzo. Es probable que solo las cabras sientan que incluso las noches se están calentando en estos días, ya que al atardecer son conducidas a casas de concreto...

Tuve una cita con el hijo del Mahdi, Sir Sayed Abdur-Rahman El-Mahdi Pasha: para sus seguidores, el sucesor legal del Profeta en la Tierra. Cuando nuestro tren llegó a la estación de Jartum, una pequeña delegación de la *Daira* (administración) del Mahdi me ayudó a bajar rápidamente del tren, entré a un gran coche y partimos hacia las luces brillantes de la ciudad.

Esta primera impresión de Jartum en la aterciopelada noche africana sobresale en la memoria con cierta fuerza. El Jartum moderno, como pronto me di cuenta, es un pueblo planeado y construido completamente desde cero en la llanura abierta y diáfana, que es todo lo que quedó cuando los Mahdistas derribaron cada uno de los edificios antiguos y los transportaron, piedra por piedra, a través del río para construir su capital propia: Omdurman.

El resultado es que no hay nada sórdido acerca de Jartum. Las calles son anchas y bien iluminadas. Amplias avenidas de árboles de poroto elefante la atraviesan de un extremo al otro. Un poco fuera del centro de la ciudad, en el camino a Omdurman, se encuentra el enorme palacio del gobernador general.

El automóvil pasó junto a este edificio – paralelo al Nilo – y se detuvo frente a un gran hotel, erigiéndose alrededor de la mayor cantidad de pasto que había visto desde que salí de Europa. "Si quieres algo, por favor pídelo. No debes pagar por nada. Eres el invitado del *Mahdiyya*", me dijeron.

No había nada oriental acerca de este lugar; ni tampoco africano. Aquí no solo estábamos en suelo europeo, por así decirlo, sino que en realidad parecía que nos hallábamos en el Reino Unido.

Ingleses con esmoquin blanco y fajines rojos o negros degustaban sus cócteles en el patio de palmeras. Grupos vivaces de coloniales funcionarios británicos bebían al aire libre y charlaban en la terraza. Pero aquí, como en todas partes en el Sudán, no hay segregación racial; y aproximadamente una cuarta parte de los invitados estaban vestidos con los atuendos blancos de la comunidad Mahdi.

Pero no todo estaba bien en Sudán. Según los egipcios, el Reino Unido dirigía el país como una colonia y apoyaba a los militantes Mahdistas. Egipto, dijeron, no estaba recibiendo una participación justa en el gobierno del Condominio, los pro-egipcios eran discriminados, se estaba llevando a cabo propaganda contra la "Unidad del Valle del Nilo": una especie de unificación de Egipto y el Sudán. Además, Egipto no estaba recibiendo suficiente agua y el Sudán podía cortar el suministro cuando quisiese. El control de las aguas en este punto – donde confluyen los Nilos – debe ser supervisado por el país, que podría quemarse literalmente si el flujo se detuviera.

Los seguidores del Mahdi dijeron que todo esto era una tontería y que los egipcios simplemente temían al Mahdismo porque Sir Sayed podría convertirse en el rey de un Sudán independiente. Señalaron las diferencias raciales e históricas entre los pueblos egipcio y sudanés. Los británicos no tenían mucho que decir: sentían que necesitaban la mayor parte de sus energías en la administración del país. El otro gran grupo político-religioso sudanés – los marganitas – estaba en contra de todo lo que fuera pro mahdismo. Luego están las tribus del sur, donde los hombres todavía adoran árboles y usan cuchillas de afeitar como moneda. Sin embargo, muchos de los miembros de la tribu ecuatorial son cristianos y los misioneros querían saber si serían dejados a merced de la mayoría musulmana. Los paganos y los musulmanes se quejaron de que el sur del Sudán había estado demasiado tiempo a merced de los misioneros. Y así continuó. Fui a ver a Sir Sayed para tener una idea de la mentalidad Mahdista.

El Mahdismo, como sistema, está organizado según el modelo árabe. Es decir, el líder es prácticamente absoluto en sus decisiones y al mismo tiempo es el jefe de la comunidad en asuntos religiosos y seculares. Sus escuelas, movimientos juveniles, el imperio de cultivo de algodón y la maquinaria política se manejan desde un enorme edificio donde él también vive.

Cuando fui conducido a su presencia, diez mil discípulos entrenados se pararon debajo del balcón del palacio verde y crema. Levantando el emblema de la lanza y la luna creciente del movimiento, los animadores dieron la estremecedora llamada que una vez resonó en el campo de batalla de Omdurman: "Un Dios: Alá. Un líder: ¡el Mahdi!"

El Sayed Abdur-Rahman comenzó su vida en el exilio, manteniendo a su madre vendiendo madera que recogía con sus propias manos y ofrecía de puerta en puerta. Su fortuna personal hoy se estima en seis millones de libras, y se puede ver en su rostro que ha probado tanto la amargura como los placeres de la lucha. Nombrado caballero por los británicos, era tan respetado por Egipto que Farouk le concedió el rango de Pashá.

El Sayed Abdur-Rahman (literalmente "Siervo del Más Misericordioso") se acerca a los setenta, lo que no es joven para un sudanés. Habló lentamente, sopesando sus palabras, mientras tomábamos un sorbo de café y escuchábamos los vítores que sonaban abajo. En el interior del palacio, los ventiladores eléctricos, los tubos de luces fluorescentes – todos los accesorios de la modernidad – chocan un poco con la personalidad del grave semblante del patriarca. Pero quienes lo conocen dicen que detrás de esa sonrisa tímida de otro mundo se encuentra uno de los cerebros comerciales más rápidos de la historia.

En la pared que está detrás de él cuelga la espada del Mahdi: una reliquia que hace siglos uno de sus antepasados tomó de un cruzado príncipe alemán. Si hoy se blandiese ante las hordas de hombres del Mahdi que marchaban sin cesar, el país podría estar empapado de sangre.

Con su túnica de seda crujiendo, el Sir Sayed se levantó para darme una idea de sus planes. "Primero", dijo, "debemos tener paz y bienestar para la gente. En el norte, en lugares como este" – movió su mano hacia los prolijos minaretes de Jartum más allá de la ventana – "hay pocos problemas. Aquí hablamos árabe, vestimos de la misma manera, estamos ampliando nuestro algodón y la agricultura. Es en el sur, donde no tienen ropa ni educación ni creencias, donde debemos trabajar para asegurar un país unido."

No dijo nada a favor o en contra de su principal oponente local, el pequeño y dinámico Sir Sayed Marghani Pasha, a menos que esto pueda tomarse como una referencia a él: "Cuando tienes algo que hacer, debes hacerlo. No importa lo que otras personas digan o piensen si crees en tu corazón que tienes razón. ¿Se preocupaba nuestro Profeta por lo que decían los idólatras cuando solo tenía un discípulo? Cuando fue atacado y superado en número por cien a uno, ¿corrió o peleó? ¿Debo inspirarme en un hombre inferior a ese?"

Me brindaron tentadores vislumbres del Imperio Mahdi en funcionamiento cuando me mudé a la casa de al lado, por invitación del líder.

Justo enfrente estaba el centro neurálgico de la organización: el palacio Daira. Los teléfonos sonaban desde el amanecer hasta bien entrada la noche. Los empleados vestidos de blanco trabajaban con una intensidad que recuerda la actividad de las hormigas. Tantas miles de pacas de algodón de los propios campos del Mahdi; tantos cientos de vehículos para transportar exportaciones a los barcos en Puerto Sudán; tantos libros para los líderes de Mahdi Scout; una delegación para ocuparse de iniciar nuevas industrias: la máquina gira incesantemente.

En el calor abrasador del día, durante todo el mes de ayuno del Ramadán, mañana, mediodía y noche, continuaba. ¿Estaba yo en Nueva York o Chicago?

A lo largo de los anchos senderos de grava hasta las imponentes puertas estrechamente protegidas del Daira, los autos llegaban en interminable procesión. La mano derecha de sir Abdur-Rahman entra repentinamente a una conferencia con compradores de algodón. Funcionarios del gobierno, miembros del parlamento, líderes religiosos de miles de kilómetros a la redonda llenan los concurridos salones de espera donde los sirvientes de paso veloz llevan dulces y espesos cafés *mazbut* y pasteles a los invitados.

El campo Mahdi es como si fuese una familia. Muy a menudo descubrí que varias personas que trabajaban para la maquinaria en varias ocupaciones distintas estaban relacionadas. Sayed Abdulahi, cuñado del actual líder, dirige su propia enorme empresa de importación y exportación a solo unas cuadras de distancia, ayudado por un hijo educado en Oxford. Algunos de los hombres clave en los departamentos de la organización son hijos de jefes tribales y de pueblos en los que el Mahdismo puede confiar a muerte. Aquellos que están acostumbrados a pensar analíticamente estarían bastante perdidos aquí. ¿Es la Daira – es el Mahdismo mismo – preponderantemente religioso? ¿Comercial? ¿Educativo? ¿Militar? Es todo esto y un poco más. Es una comunidad tan interrelacionada y sólidamente organizada que acaso sea única en lo que a organización humana se refiere.

La pertenencia a la familia Mahdi en el Sudán casi siempre significa que la persona debe trabajar duro dentro del grupo. Puede que alcance la cima. Y como tal tiene derecho a una tremenda cantidad de respeto.

Sir Sayed se alegró cuando le dije que planeaba visitar la tumba de su padre – al otro lado del río en Omdurman – y presentarle mis respetos a su memoria. Obtuve permiso para fotografiar a los fieles ante la Tumba y preparé planes para sacar fotos dentro... en caso de que hubiese forma alguna de lograrlo. En Omdurman, el edificio con cúpula plateada está custodiado por dos de los pocos sobrevivientes de la Batalla y es probable que vean con malos ojos que cualquiera intente arrebatarles una imagen del interior: el terreno más sagrado para ellos fuera de los santuarios de Arabia.

CAPÍTULO XVI

Órdenes de marchar

PUDE CONOCER AL Cadí de Omdurman, el juez musulmán cuyo lugar en la sociedad islámica combinaba autoridad religiosa y secular en materia de derecho. Un gran defensor del Mahdismo, me llevó a través del río hasta donde se extendía la fortaleza Mahdista: aunque construidas a partir de los escombros del antiguo Jartum, las calles de Omdurman contrastan mucho con la modernidad ordenada de la nueva capital. Esta parte del país está llena de historia. Pasamos junto al famoso cañonero *Malik*, cuyas armas destruyeron la Tumba del Mahdi por orden de Kitchener, ahora amarrado inofensivamente al lado del palacio del Gobernador General y convertido en un club para yates. Los sudaneses robustos de piernas largas, con turbantes blancos y dientes relucientes contrastando con rostros de ébano, nos miraron con la orgullosa severidad que me hizo sentir cuán perpetuamente cerca de la superficie pueden estar los sentimientos de un hombre. No hay cautela o arrogancia árabe.

En la confluencia de los Nilos gemelos el juez detuvo su automóvil. "Toma una fotografía de la boda de los Nilos Azul y Blanco... debería ir bien con tu colección. Es simbólico de nuestro país."

Los modos de Oriente todavía estaban con nosotros, a pesar de nuestro transporte motorizado. Nos detuvimos en un café tras otro para tomar un té o saludar a un viejo conocido, visitamos el huerto de mangos del juez para probar la nueva cosecha y hablamos del futuro de Sudán.

En una de las paradas estábamos saliendo del auto cuando el juez me jaló con urgencia hacia el suelo detrás de él. Al agacharme, esperando al menos un atentado contra nuestras vidas, atronadores pies pasaron atrapados por una nube de polvo. Cuando la criatura que corría salvajemente se alejó en la distancia, mi compañero se echó a reír. “El avestruz del gobernador ha escapado de nuevo.”

“¿Pero nadie lo detiene? ¡Pueden matarte, son peligrosos!”

“No, porque es el avestruz del *gobernador*; en algún momento regresará. De todas formas se dirige hacia Omdurman, que es un lugar santificado. ¿Quién soy yo para detenerlo?” Incluso los religiosos pueden tener sentido del humor en el Sudán...

Recogimos a un joven entusiasta, ahora empleado por el Mahdi Daira. Había sido educado por los Mahdistas y su abuelo había sido un *bairakdar* (portaestandarte) en Omdurman. Pensé que sus gestos excitados y su mente demasiado estadística contrastaban con el humor tranquilo de nuestro suave Cadi. Durante el resto del viaje habló locuazmente y con ojos centelleantes sobre los cuatro millones de partidarios del Sir Sayed, los diez mil graduados de las escuelas mahdistas, la cosecha de algodón de £ 50 millones y los £ 24 millones que ahora se gastan en las mejoras rurales y los planes de desarrollo.

La tumba de cúpula plateada del Mahdi se eleva majestuosamente sobre un inmenso y abierto espacio arenoso que es la mezquita y el patio de armas de los hombres del Mahdi. Demolido por los británicos después de la rebelión, es solo recientemente que al Sir Sayed se le ha permitido volver a erigirlo. Noté que estaba rodeado por un muro de piedra y puertas de hierro. Enfrente está la casa de algunos miembros del séquito del Mahdi, que contiene reliquias de la época (el *Mahdiyyd*) y una parte de la cúpula original de la primera Tumba.

Yo tenía permiso para fotografiar la tumba desde afuera. Luego entramos en el museo, con sus colecciones de cuchillos y lanzas Mahdi, las túnicas emparchadas de los derviches y armas capturadas durante el ataque a Omdurman. Sin pensarlo, apunté mi cámara a una de estas piezas: un trabuco tallado, con el nombre del Mahdi grabado en el barril. En un instante mi mano fue apartada. "Lo siento, ¡no sacar fotografías!". Otra vez el mismo desafío.

Fuimos a almorzar con uno de los jeques mahdistas de la ciudad y comimos esos pegajosos frijoles no muy sabrosos que aquí son muy apreciados – que seguramente han de ser un gusto adquirido –, sopa de cacahuates y arroz con varias guarniciones de verduras y carne.

Este era el día de la gran manifestación ante la tumba y del festival que sigue al mes de ayuno del Ramadán. Omdurman comenzaba a despertarse. Si me habían impresionado los miles de gritos ante el Daira en Jartum, me sentí abrumado por la marcha y contramarcha de las inmensas masas de incondicionales vestidos de blanco que acudieron esa tarde a cantar y animar, a agrupar y reagrupar, a hacer desfilar a sus estandartes de Kordofán y Nuba, del norte y del sur, ante el santuario de su líder. Todos estaban allí. Fui a presentar mis respetos al Mahdi en una tienda de campaña donde su hijo mayor, el Sayed Siddiq – inmaculado bajo su turbante blanco – se estaba preparando para su discurso ante cien mil personas. El Sheikh el-Hindi, uno de los líderes más importantes de Sudán Occidental, estaba allí con su entusiasta contingente, sus camellos y espadachines, sus estandartes y lemas. Solo faltaba una cosa: la música. Al igual que los wahabíes, y a diferencia de sus propios oponentes los marganistas, los mahdistas consideran que las bandas y la música son malas e irreligiosas.

Esta era una excelente oportunidad para conocer a los verdaderos líderes – al menos de esta comunidad – en el Sudán. Conocí al rey heredero de Dongola, que ahora representaba a su país como miembro del Parlamento, al presidente de la Cámara, al juez Shangaity, a los Ulema – líderes religiosos – que habían estado con el primer Mahdi en el campo y al joven Yahya el-Mahdi, el hijo menor del jefe, que era estudiante universitario en Balliol. Me prestó su auto durante toda mi estadía, con chofer incluido.

Me habían eximido de asistir a las oraciones masivas ante la tumba, con el argumento de que me permitirían tomar fotografías del exterior del edificio. Mientras el sermón estaba en progreso, subí a la cima de la Tumba (interpretando mi permiso de manera bastante laxa) y obtuve algunas muy buenas tomas de la concurrencia de musulmanes inclinándose hacia La Meca. Luego, después de quitarme los zapatos, entré al interior propiamente dicho de la Tumba.

La sepultura del Mahdi está cubierta por un sarcófago de madera pulido, a un lado de la cámara alta. En el otro lado hay un gran estandarte enmarcado. Esta es la insignia del propio Mahdi manchada de sangre, y sobre él las palabras:

NO HAY DIOS SINO ALÁ, Y
MUHAMMAD SU PROFETA.
MUHAMMAD EL MAHDI,
SUCESOR DEL PROFETA DE DIOS.

El guardián del santuario – ese venerable veterano de Omdurman – parecía mirarme fijamente. Como es costumbre en los santuarios de santos o reyes, levanté mis manos en oración y recité el primer capítulo del Corán.

La recitación pareció tranquilizarlo un poco, y se hizo a un lado mientras yo avanzaba para ponerme frente al sarcófago. Pude ver que no entraba suficiente luz a través de

Marcha de los Mahdistas, Jartum

Dentro de la tumba: cobertura de madera de la tumba del Mahdi

los vitrales para asegurar una foto nítida: y no tuve tiempo de experimentar. Era ahora o nunca. Tenía mi aparato de flash en el auto y decidí volver a buscarlo. Saludando al guardián, caminé lentamente de regreso al coche.

Esto podría causar un gran alboroto. Puede que me las haya arreglado para obtener una imagen apresurada con la luz existente, pero ¿cómo sería si volviese a entrar allí portando un voluminoso aparato de flash y comenzara a disparar fogonazos de luz por todas partes?

Cuando los pasé, los cientos de miles de entusiastas estaban profundamente sumidos en oración. No quería que desataran su desaprobación sobre mí. Decidí usar el elemento sorpresa.

Cinco minutos después estaba de vuelta en el Santuario. Al anciano no se lo veía por ninguna parte, y un joven compinche me dejó entrar a la cámara de entierro cerrada con llave. Le di las gracias y me arrodillé en el suelo de moqueta gruesa, de espaldas a la puerta. Me dejó solo. Saqué tres bombillas pequeñas, puse una en el arma, apunté al sarcófago y presioné el botón. ¡No disparó! O estaba en un lugar tan sagrado que no se podían tomar fotografías allí o bien había algo mal con la bombilla. Saqué otra y la metí. Se disparó con un destello cegador. Todavía no había señales del viejo derviche.

Cuando levanté la cámara por tercera vez, para tener una buena vista del estandarte manchada de sangre, escuché la voz del anciano murmurando para sí mismo mientras entraba en el recinto. Instintivamente miré hacia atrás. Estaba de pie y mirando en mi dirección, a apenas dos metros de distancia. No sé por qué, pero probablemente no pude reajustarme a las cambiantes condiciones y tomé la foto. El flash iluminó el oscuro interior aún más que la luz de aquel ardiente día africano.

Los pensamientos daban vueltas en mi cabeza. ¿Sería capaz de pasarle rápido por su lado hacia la libertad? ¿Se armaría un gran revuelo? Y el auto, ¿estaría todavía allí para una escapada veloz? ¿Podría sacar el rollo y permitir que me quitaran la cámara y engañarlos con eso?

Me acerqué a la puerta y le deseé paz al guardián del santuario. No hizo ningún intento por detenerme.

Más tarde descubrí que era ciego.

Por más de un motivo decidí que había llegado el momento de ponerse rápidamente en movimiento hacia el norte, luego hacia el este hasta el Líbano, una tierra tranquila ... di gracias por el avión, antiguo objeto de mi recelo...

CAPÍTULO XVII

Tierra de los fenicios

La gente del Líbano cree firmemente que Noé, dejando descansar el Arca sobre las imponentes alturas de Ararat hacia el norte, trajo a su gente y sus animales a morar en esta tierra encantadora entre las montañas y el Mediterráneo oriental. Aquí, también, vinieron los fenicios: dejando su tierra natal del sur de Arabia en una de esas migraciones masivas no inusuales en Oriente, viajaron al Levante e hicieron un nuevo hogar entre los gloriosos cedros y las montañas nevadas.

Hoy la República Libanesa es el resultado de una sucesión de eventos históricos que deben de tener paralelos en algunas otras tierras. A medida que la moderna alfombra mágica se deslizaba sobre el puerto de Beirut, la magia auténtica del verde mar profundo, las tierras altas suavemente inclinadas, la belleza blanca de los edificios, se combinaron para crear una impresión de puro deleite como nunca había visto en ningún otro lugar. Después de la soleada Omdurman, la atractiva Beirut me resultaba doblemente fascinante.

Entonces esta fue una de las razones por las que el país haya sido un codiciado premio para los griegos, romanos, bizantinos y turcos. Desde aquí los señores mercantes fenicios dirigieron sus barcos comerciales a África, Egipto e incluso al lejano Reino Unido. Y hoy es aquí donde los estudiantes de sesenta nacionalidades vienen a estudiar a la Universidad Americana en busca de ese conocimiento cuya tradición en el Líbano ha permanecido intacta durante varios miles de años.

El cristianismo llegó temprano al Líbano. Hoy, con una población de mayoría cristiana, el Líbano es la única tierra árabe donde el primer ministro es, por tradición, de la fe cristiana. En las vastas llanuras que se extienden a través de Tiro y Sidón hacia el sur hasta Palestina, los nómadas pastan sus ovejas y viven la plácida vida de un pueblo firme en su fe, organizado en clanes por ese sistema patriarcal que no ha cambiado desde los tiempos bíblicos.

Sin embargo, el progreso moderno ha llegado: y desvergonzadamente. Aquí no encontrarás reticencia ante los avances de los inventos occidentales. Más bien al contrario: los libaneses modernos – como los propios fenicios – se enorgullecen de explotar todos los medios para hacer la vida más fructífera, más alineada con un pueblo claramente dedicado a la paz.

Dudo que haya muchos lugares tan cosmopolitas como, por ejemplo, Beirut. Al igual que la mayoría de las otras ciudades árabes bajo las nuevas rutas aéreas mundiales, la ciudad está repleta de una vida variada, con color, bullicio, hombres y mujeres de una veintena o más naciones. Sin embargo, en un aspecto la ciudad tiene vida propia. Mientras que en El Cairo, Atenas o Estambul uno ve este caleidoscopio de naciones como simples viajeros de paso, estas muchas figuras extrañas y decididas de Beirut son nativos libaneses.

Algunos, de las montañas, vestidos con botas forradas de piel y túnicas de lana, provienen de las formidables tribus de los drusos. La suya es una herencia de guerra, de incesantes operaciones guerrilleras contra los franceses cuyo mandato expiró después de la Segunda Guerra Mundial, cuando el Líbano recuperó su independencia.

Aquellos hombres altos, atléticos, de piel clara con turbantes blancos y negros son los kurdos, cuyos orígenes se han rastreado hasta las tablillas de arcilla de Asiria y que una vez gobernaron desde Turquía hasta el Golfo Pérsico. Su aspirante a rey ahora vive tranquilamente en Londres, y el Kurdistán sigue dividido entre Irak, Siria y el Líbano, Turquía y Persia. Su núcleo principal, por supuesto, habla árabe y se viste a la manera árabe. Es cierto: tienen sus jeques y nobles, sus carpas negras y manadas de camellos; sin embargo, a pesar de esto sus diferencias con el árabe peninsular vuelven a evocar la pregunta ¿qué es un árabe?; y la única respuesta es la que me dio un jeque beduino en el Líbano. "Un árabe", dijo mirándome con claros ojos azules, su enorme cuerpo atlético contrastando enormemente con el de mis compañeros árabes sauditas, "es un hombre, sin importar su religión o apariencia, que siente que es un árabe. Nada más."

Sentado en un café, observando el interminable ir y venir de estas figuras exóticas en el contexto de una ciudad ultramoderna, no pude sino preguntarme cómo fue que tal gente – de tres razas y al menos dos religiones – podría combinar en tal armonía, trabajando y viviendo juntos. ¿Cómo se sentían ellos mismos como nación? Si este milagro aparente podía lograrse aquí, ¿había en ello alguna lección para aprender que acaso proporcionase la clave para resolver la mitad de los problemas que tienen las minorías en el mundo, la lucha interminable de árabes contra judíos, de musulmanes contra hindúes, de nación contra nación, que parece endémico en la actualidad?

Encontré, creo, al menos parte de la respuesta en la famosa American University de Beirut. Cuando se fundó – bajo el nombre de Colegio Protestante hace unos noventa años – su primer presidente, el Dr. Bliss, estableció los principios que no solo permitieron a esta organización cristiana mantener su existencia durante el Imperio turco musulmán, sino que desde entonces ha proporcionado el sustento de la armonía en un mundo árabe de creciente exclusividad nacionalista.

El Colegio decidió de inmediato que debía concentrarse en los puntos comunes entre las personas y los pueblos. También resolvió *ignorar* las diferencias de opinión de los estudiantes. Como dijo Daniel Bliss: "Esta universidad es para todo tipo y clase de hombre, sin distinción de color, nacionalidad, raza o religión. Un hombre negro, blanco o amarillo, cristiano, judío, musulmán o pagano, puede entrar y disfrutar de todas las ventajas de esta institución durante tres, cuatro u ocho años, y salir creyendo en un solo Dios o en muchos dioses o en ningún dios en absoluto." Al mismo tiempo, los cristianos sinceramente convencidos que fundaron la Universidad no estaban preparados para ceder en sus propias creencias: "Pero será imposible que alguien continúe con nosotros por mucho tiempo sin conocer lo que nosotros creemos que es verdad y nuestras razones para esa creencia."

Han pasado nueve décadas desde la fundación de esta increíble institución. Durante ese tiempo, hombres y mujeres de casi todas las nacionalidades se han graduado aquí; algunos de los líderes pasados y presentes del mundo árabe y oriental recibieron su educación en la AUB, como se la llama.

Estos pensamientos estaban en mi mente a medida que ascendía la pendiente a través de los pinos y cedros hasta los cincuenta edificios que ahora albergan a la Universidad. Anteriormente en las afueras de Beirut, la ciudad ha invadido tanto en los últimos años que la Universidad – con su posición dominante que da a la encantadora bahía de Beirut – es casi un elemento dominante del horizonte. El otro hito destacado es una estatua colosal de la Virgen María, patrona del Líbano, que se alza sobre la ciudad. Por la noche, cuando se ilumina la corona de este inmenso símbolo, su efecto es realmente sorprendente.

Atravesé las veintiocho hectáreas de plantas semitropicales que comprenden los terrenos de la universidad; abajo, extendidos como un mapa al lado de la espuma mediterránea, se encuentran los jardines en terraza que bajan hacia el verde intenso de los campos de juego, y luego a la propia playa de natación de la Universidad. Beirut afirma que no hay otra institución educativa en el mundo con un entorno tan idílico.

Vi, charlando entre conferencias bajo el brillante sol de Beirut, estudiantes de veintiún grupos religiosos. Más de cuarenta nacionalidades están representadas entre los 2.700 estudiantes aquí. La universidad es mixta, y tanto mujeres como hombres viajan grandes distancias para obtener el indudable prestigio de un título de Beirut. Hoy en día, con el creciente Oriente que necesita científicos capacitados, Beirut es una de las universidades donde se le da la más alta prioridad a la medicina, la ingeniería y los estudios sociales. Mi visita a la Universidad Americana fue lo que los estadounidenses llamarían un "punto alto" en mi exploración de un Líbano verdaderamente fascinante.

Y sin embargo – aunque puede que sea una visión personal – el deambular por un tiempo entre la gente del campo, hablando con beduinos y comerciantes, pastores y soldados, amas de casa y niños, me resultaba igualmente emocionante. Esto, para mí, parecía ser lo más gratificante. Nuestro deleite en la conversación parecía mutuo, aunque con demasiada frecuencia encontré personas del tipo más humilde que estaban demasiado inclinadas a buscar *mis* puntos de vista como viajero, y no a dar los suyos.

Esta cortesía es algo característico de los libaneses y probablemente una consecuencia de la alta tradición de su antiquísima cultura.

Los terremotos y las conquistas, las cruzadas y la invasión turca han tristemente despojado al país de sus monumentos más antiguos. Por ejemplo, todavía existen pocos rastros del gran rey mercante Hiram, Rey de Tiro, quien fue socio de Salomón en las empresas comerciales. Hoy Tiro, como ciudad, no es nada llamativa; sin embargo, no pude dejar de mirarla con un dejo de homenaje en mis ojos. Fue a partir de aquí que las enormes flotas mercantes de Fenicia se apresuraron a Egipto con madera, a Cornwall por estaño, a establecer la gloriosa Cartago; y hacia España, Cerdeña y una docena de otros lugares. Han pasado dos mil quinientos años desde ese día; y aunque un viajero sea – en palabras del más grande de todos los viajeros árabes, Ibn Batuta – "un viajero *pues* es imaginativo", me quedé allí de pie, cerca de los castillos cruzados en ruinas, observando a los pastores llevar a sus ovejas a casa y pensando en algunos de los dramas más grandes del hombre representados en este territorio de las huestes asirias y babilónicas.

Viajando hacia el norte, nuevamente a lo largo de la franja costera, busqué la otrora famosa Isla de Ruad, ahora poco conocida excepto por sus habitantes locales. Asociada con Alejandro Magno, se encuentra a pocos kilómetros de la costa y es una de las pocas ciudades verdaderamente fenicias que ha sobrevivido. De hecho la isla, llamada entonces Arvad – como capital del reino del mismo nombre –, extendió bajo dominio fenicio su influencia hacia el interior del continente. Oscura e imponente incluso a la suave luz de la tarde, se llega a ella mediante veleros árabes operados por marineros cuya cortesía es demasiado grande como para preguntarle al forastero acerca de la inexplicable razón de su visita aquí.

Los hombres de Fenicia habían traído de algún lugar – con una obstinación que no era inusual entre los antiguos – vastas losas monolíticas con las cuales ciñeron la fortaleza de la isla. Muchas de estas siguen en pie, elevándose quince metros o más sobre el mar; ellas sirvieron como los cimientos para un castillo cruzado, que siguió siendo un puesto fronterizo no conquistado durante una década después de que toda la costa quedara bajo dominio sarraceno. Saliendo de esta fortaleza inexpugnable, los fenicios fundaron un extraño y hoy casi inquietante templo en Amrit, un poco al sur en el continente. Aquí se alza la inmensa masa de la "Torre del Caracol": un enorme cubo negro que representaba a la antigua diosa semítica Astarté, luego conocida como Afrodita; la Venus de los romanos. No queda rastro de la vasta ciudad que se dice que rodeó este extraño santuario. En el crepúsculo creciente, solo la sencilla negrura del cubo domina un paisaje poco atractivo, donde alguna vez debieron realizarse grandes ritos y procesiones religiosas para honrar a la patrona del poder fenicio.

Por impresionantes que sean, estas y otras ruinas son claramente ajenas a la vida libanesa de hoy. En Egipto, por ejemplo, cuando visité la Gran Pirámide y el Valle de los Reyes, los habitantes locales mostraron un orgullo por sus antepasados faraónicos que se refleja incluso en el Cairo moderno a través de un torpe resurgimiento de esa arquitectura antigua. Los libaneses parecen no sentir ese furor. Tampoco son, en un sentido profundo, occidentales de alguna manera. Sin embargo, tanto el Occidente moderno como la más antigua de las civilizaciones del Mediterráneo oriental coinciden aquí. Acaso misteriosamente, la gente de la Fenicia moderna parezca decidida a reclamar algo diferente. Su actitud ante la vida, si la he juzgado correctamente, tiende a centrarse en el progreso cultural y espiritual. Cuando le comenté esto a un muy analítico profesor de francés que había pasado la mayor parte de su vida en el Levante, sostuvo que la mente libanesa – como la de la vecina Siria – estaba arraigada en la influencia totalmente única de la Tierra Santa. Él sentía que el carácter pastoral y beduino de la gente aún conserva esos valores que fueron estimados por los visionarios de las tribus del Antiguo Testamento.

Es probable que esto sea cierto, ya que claramente no se trata solo de una actitud racial. El nómada del desierto de Arabia piensa de la misma manera que su compañero del Líbano, a pesar de que sean de una raza muy diferente. Los libaneses me parecieron encantadores, pero decidí que era hora de ir a Jordania y Jerusalén.

CAPÍTULO XVIII

Reino del Jordán

Se pintan dos panoramas del Reino Hachemita: ninguno de los dos me parece literalmente cierto, aunque ambos se combinan para brindar algo del sabor de la verdadera atmósfera. Aquellos que se oponen a la realeza, la familia hachemita o la británica, afirman que sin el subsidio – otorgado por el Reino Unido – de siete millones al año Jordania no tendría una existencia propia. Jordania, dicen algunos, no tiene derecho a existir en absoluto y nunca ha sido un estado independiente. ¿Por qué debería permitirse que una franja arbitraria de territorio, entregada como una especie de premio de consolación por la pérdida de La Meca en 1921, poblada por rudos beduinos, permanezca como una especie de puesto fronterizo británico subsidiado?

Varios románticos británicos y extranjeros – la mayoría de los cuales nunca han estado en Jordania – imaginan el lugar como una maravillosa tierra desértica, sembrada con monumentos de la antigüedad y gobernada por elegantes Sheikhs.

Jordania es, de hecho, un paraíso para los turistas pues tiene a Petra, la Jerusalén Vieja, la vida beduina y los restos romanos en Ammán. Ella está económicamente arrinconada debido a las vergonzosas masas de refugiados árabes palestinos que están acampados en su lado de la frontera. La falta de capital y maquinaria, y los problemas de agua y transporte, significan que su agricultura no progresa lo suficientemente rápido como para absorber a los refugiados o elevar el nivel de vida de su gente.

Sin embargo, al mismo tiempo no hay duda de que el país tiene grandes potencialidades. Los cultivos apropiados según el clima, y algunos otros que son posibles gracias al riego, crearían en unos años una imagen muy diferente de la vida agrícola; porque definitivamente se está progresando, y con una energía no oriental.

Al igual que Arabia Saudita, la Jordania moderna primero centró su atención en detener el mal de los pozos contaminados de las aldeas, canalizando el agua de los pozos y manantiales no contaminados. Ammán mismo, que alguna vez fue un cúmulo de casas de barro enclavadas en los brazos de un vasto anfiteatro romano, es tan moderna y progresista como cualquier ciudad del Medio Oriente.

Los expertos jordanos están considerando las posibilidades de explotar las riquezas del Mar Muerto. Todos aprenden en la escuela cómo es imposible hundirse en las aguas saturadas de este lago: sin embargo, pocas personas parecen saber que las sales minerales que contiene el Mar Muerto están entre los depósitos de estas sustancias más valiosos del mundo… si fuesen extraídas.

Si bien algunos procesos se llevaron a cabo en el lado palestino del agua durante el período británico, hasta ahora no hay explotación comercial en Jordania.

A diferencia de Irak, Bahrein, Kuwait o la vecina Arabia Saudita, Jordania no tiene pozos de petróleo. Pero de hecho se cree que el desastre que destruyó a Sodoma y Gomorra – anteriormente ubicados aquí – fue una serie de explosiones gigantescas de pozos petroleros. Parte del programa del Gobierno es redescubrir el oro negro. "Entonces les mostraremos", me murmuró, diría que entre lágrimas, un funcionario jordano. No es divertido pensar en las innumerables riquezas del vecino y saber que tú mismo podrías ser rico, si solo hubiera dinero para hacer la perforación y exploración.

Pero, sobre todo, Jordania es Abdullah y Abdullah Jordania. De pie sobre los escalones del nuevo palacio, contemplando el Ammán que fue planeado y construido en gran parte a través de la energía de ese "pequeño rey" – como era conocido cariñosamente –, vi una pequeña carpa blanca sin pretensiones.

Protegido por un solo centinela de la Legión, en el interior yace Abdullah, enterrado en una tumba sencilla. Musulmán piadoso de la escuela Hanifita, este descendiente del Profeta se decretó a sí mismo un lugar de descanso austero.

Desde esta altura se ve el crecimiento de Ammán de forma panorámica: sus villas de piedra blanca, los bazares centrados alrededor de los minaretes gemelos de la famosa Mezquita del Viernes de dicha ciudad, construida por Abdullah.

Mientras permanecía allí de pie en una ensoñación silenciosa, mirando los siete valles, casi me sentí como alguien que estaba observando una visión de la mente, las esperanzas y los temores de Abdullah el Cortés. ¿Acaso todo esto no es el resultado de su propio sudor y trabajo, dado que ingresó a Jordania a través de Maan en aquel fatídico día de marzo de 1921?

A muchos hombres inferiores aquí se les habría roto el corazón; hubieran preferido vivir en un exilio más cómodo, soñando con la bella Hejaz gobernada por sus antepasados. En cambio, a partir de rocas estériles y desechos sin agua, él moldeó una nueva ciudad, un Estado progresista: y al diseñarlo apasionadamente no le importó transformarse, ocasionalmente, en una espina molesta tanto para Oriente como para Occidente.

Hace treinta años y más, cuando mi padre se sentó con su amigo Abdullah en el palacio que ahora es el hogar de la Reina Viuda, jugaron al ajedrez y mencionaron las terribles dificultades que el país tenía por delante. Abdullah levantó la vista, sus ojos brillaban, con un tono grave en su voz: "No subestimes a mi gente. Cada uno de este medio millón de beduinos es un soldado, un granjero, un comerciante y un creador de un Estado moderno." Palabras valientes que habrían sonado vanas en casi cualquier otro hombre. Antes de que la bala del asesino lo derribara en su propia mezquita hace unos años, Abdullah había vivido para ver su sueño hecho realidad.

Mucho se ha dicho a favor y en contra de Abdullah y sus políticas supuestamente probritánicas. Sin embargo, y más allá de cómo la historia lo juzgue, el hecho es que él – y solo él – fue el arquitecto de este pequeño reino. De hecho, pareciese como si solamente su memoria mantuviese unida a Jordania. Un sheikh influyente me dijo: "No tenemos nacionalidad propia, no tenemos historia. Abdullah es lo que nos une, y es su memoria la que nos dice que debemos continuar hasta el final del camino. Y no es tan difícil, ahora que ese gran hombre lo ha señalado. No hay nadie que lo haya conocido que no dedique su vida al mismo camino."

¿Abdullah un dictador? Decretó su propia "abdicación" del poder absoluto en 1950, haciendo que el Trono quedara sujeto a la voluntad del Parlamento. Puede que haya sido un dictador, pero no fue una herramienta de la dictadura.

En paralelo a otras preocupaciones nacionales, el Gobierno de Jordania enfrenta – y ha estado enfrentando durante años – el desastre viviente de medio millón de refugiados cristianos y musulmanes de Palestina. De estos, solo 60.000 estaban recibiendo ayuda organizada. De no ser por el programa de auxilio de las Naciones Unidas – que en efecto significa un millón de dólares al mes – casi todos estos desafortunados habrían perecido. Pero, ¿quién puede vivir con menos de dos libras por mes, en cualquier lugar? Había leído las palabras de un periodista estadounidense que, después de visitar los campos de refugiados árabes, declaró que la grave situación de las personas sin hogar era más terrible que la de los judíos en Europa, y lo consideré un poco exagerado. Después de ver con mis propios ojos los sufrimientos de estas personas, creo que trató la situación con demasiada amabilidad.

Es cierto que se está haciendo algo. La asistencia, tal como es, ahora se distribuye de manera uniforme: pero es como una mantequilla muy delgada sobre una oblea. Los servicios de saneamiento, la asistencia médica y social estaban funcionando de manera suficientemente eficaz. Las escuelas al aire libre y los centros de formación profesional son impresionantes. En cuanto al efecto psicológico de dichas experiencias en hombres, mujeres y niños todos están francamente en un estado mental irreconciliable.

El sentimiento general entre los refugiados es que tanto el Reino Unido como Estados Unidos son responsables del desalojo de los árabes de Palestina. Los adolescentes están creciendo con un solo pensamiento: venganza.

La comida – de cierto modo naturalmente – monopolizó la mayoría de las conversaciones. Nueve kilos y medio de harina por mes no cubrían ni siquiera las necesidades básicas. Los funcionarios de los campamentos responden que los refugiados pueden complementar sus ingresos y comprar raciones trabajando afuera. Dado que muchos son trabajadores agrícolas y que no hay trabajo para ellos, esta idea me pareció carente de plausibilidad e incluso superficial. Las Naciones Unidas ha fracasado terriblemente aquí: y su gente en la zona lo sabe muy bien. Lamentablemente, parece que las decisiones no dependen de ellos.

Se admite que muchos refugiados están trabajando en nuevas carreteras y otros proyectos de desarrollo. A medida que se pongan en marcha otros planes, se necesitarán más trabajadores refugiados… si es que los desdichados hambrientos pueden vivir tanto tiempo.

Las instituciones privadas de caridad, como la Misión Pontificia, la Federación Luterana Mundial y la Medialuna Roja Musulmana, están haciendo todo lo posible mediante la ayuda humanitaria, pero la suma total de su trabajo es casi increíblemente pequeña en comparación con la inmensidad de la tarea. El aire de pesimismo general es compartido por refugiados y socorristas por igual.

¿Pueden los refugiados ser redistribuidos entre las diversas tierras árabes? Se estima que Siria puede tomar alrededor de 350.000; Iraq, otros 150.000; y Jordania podría quedarse con el resto. Parte del problema es que no todos los refugiados quieren ser reasentados en el extranjero: buscan el pago por los huertos de naranjos o las fábricas que han perdido. Prácticamente todos, como ya se ha señalado, quieren venganza y esperan un "segundo asalto" con Israel. Luego están aquellos en los otros países árabes que dicen: "El acogimiento de estas personas significará que reconocemos que Israel ha venido para quedarse, que tenía el derecho de desposeerlos. La única condición bajo la cual deberían ser admitidos es como refugiados temporales, a la espera de la reconquista árabe de Palestina."

No necesito decir que nunca conocí a un árabe que pensara que podría o debería haber paz con Israel.

Pero eso es política, a la cual nunca entendí demasiado bien. Para enfriar mi cabeza y cumplir un sueño tenía que explorar Ammán... y luego dirigirme hacia esa Petra roja como una rosa.

CAPÍTULO XIX

Petra la misteriosa

Cuando Palestina quedó bajo el dominio británico después de la Primera Guerra Mundial, el área más allá del Jordán y al este del Mar Muerto fue entregada al Príncipe Abdullah, hijo del Rey Hussein de La Meca, quien había prestado grandes servicios al liderar la revuelta árabe contra los turcos.

El Emir Abdullah nombró a su nuevo país Transjordania: "Más allá del Jordán"; y aquí, en esta tierra de Gad y Rubén, gobernó desde Ammán las tribus beduinas rebeldes que viven en la antigua línea de marcha de los israelitas desde Egipto hasta Canaán.

El Reino Unido renunció a su Mandato de Palestina después de la Segunda Guerra Mundial, y la Legión Árabe de Jordania – bajo el mando del británico Glubb Pasha –, el ejército más efectivo de Arabia, atacó a través del Jordán. Abdullah encabezaba la Legión y a los auxiliares voluntarios. La antigua Jerusalén, ciudad sagrada para judíos, cristianos y musulmanes, cayó una vez más en manos árabes.

Desde el punto de vista puramente árabe fue desafortunado que el sagrado sitio musulmán – la Cúpula de la Roca – se hubiera ganado tan fácilmente. Esto significó que muchos combatientes musulmanes sintieron que, al recuperar el control del Domo, realmente no tenían objetivos de guerra que cumplir. Esto, de todos modos, fue lo que muchos jordanos me dijeron: "Si Jerusalén hubiera estado más hacia el oeste, habríamos luchado para llegar al Mediterráneo." En un gesto simbólico, los árabes cristianos y musulmanes de la ciudad le entregaron a Abdullah las llaves de Jerusalén: "¡Salve, rey del Jordán!"

Hoy mientras caminaba por las coloridas calles de Ammán, la capital desértica llena de rocas, estos pensamientos se agolparon en mi mente. Allí, dentro de las deslumbrantes murallas blancas del palacio real encaramado en lo alto de la montaña que se elevaba sobre mí, gobernaba un nuevo monarca joven: Talal, hijo de Abdullah. Pero donde su padre había vislumbrado – treinta años atrás – un enorme anfiteatro romano antiguo y desierto, hoy él podía ver no solo una ciudad verdaderamente árabe sino también el surgimiento de un Estado progresista. Aún quedan nómadas beduinos con cara de halcón que acechan con orgullo los innumerables bazares. Y aunque muchos jefes del desierto conduzcan limusinas modernas, nunca las usarán en el desierto; cuya arena bronceada siempre me había parecido ideal para el transporte motorizado. "Es un insulto al noble camello", resoplan cuando les preguntas por qué.

Las tiendas modernas se codean con la alfarería aparentemente prehistórica, mientras que más allá se encuentra el inmenso cruce de pistas para el nuevo aeródromo. Estas cosas, como la calefacción central – porque la noche del desierto es ferozmente fría – han llegado para quedarse. El romance y el color, los elegantes jóvenes oficiales de la Legión Árabe, las caravanas de camellos y la extraña música exótica conforman el patrón de la vida actual de Ammán.

Ammán es absorbente: pero dos ciudades hicieron señas con su mayor misterio. En un lugar, un solo cartel con flechas gemelas resumía mi ruta. Uno decía simplemente "Petra"; el otro, "Jerusalén la Santa". Había visto cada país, casi todos los monumentos, del Medio Oriente. Sin embargo, nada puede acercarse a la extraña fascinación de estos dos lugares: uno muerto pero casi palpitante, con un encanto acaso oculto; el otro, cuna de la civilización occidental.

Y entonces primero fui a Petra. Durante dos horas mi automóvil se tambaleó hacia el sur, a través de un desierto cuya monotonía era solo interrumpida por extrañas rocas erosionadas por el viento o por un beduino que a veces estaba fuertemente armado, frunciendo el ceño en desaprobación ante esta ruidosa máquina claramente inferior, desde la orgullosa eminencia de un camello de carrera blanco como la leche.

A cinco millas de Petra, la Ciudad Oculta, las cosas se vuelven demasiado difíciles para los autos. Le alquilé una montura a los traficantes de caballos que aprendieron a esperar aquí, pues sabían que las diabólicas creaciones mecánicas se detendrían en este punto.

Caminando cuesta arriba a lo largo de desfiladeros cubiertos de piedras, inmensas rocas con formas extrañas se elevan escarpadamente creando un violento contraste con el suave verdor que ahora aparece en los valles. Entramos en Wadi Musa – el Valle de Moisés –, donde la tradición relata que Moisés golpeó la roca y brotó un manantial.

Las patrullas formadas por camellos de la Legión pasan incesantemente por aquí, protegiendo la frontera occidental del Jordán, en la Tierra Bíblica de Edom. Bajo el ardiente sol del mediodía el efecto es más impresionante: la mezcla de rojos, azules y verdes de las rocas; un arroyo blanco y espumoso; los legionarios de barba tupida con turbante árabe. Así es como solía verse esta tierra durante los últimos cuatro mil años.

Luego, vagando durante dos horas a través del laberinto entre la montaña de Seir, nos topamos con grupos de pequeños montículos marrones y blancos. Estas son las tumbas de los Guardianes de Petra, la ciudad invulnerable. Entonces, como dividido por un cincel gigantesco, una hendidura irregular en los altos acantilados mostraba el único camino a través del cual se puede ingresar a la ciudad excavada en la roca.

Por sorprendente que parezca, Petra es invisible hasta que casi estás ahí. Pared tras pared hecha de piedra nativa, una muralla tras otra se eleva en aparente caos. “Alá se rio cuando arrojó estas montañas aquí abajo”, sonrió entre dientes mi guía beduino. Sin embargo, más allá de estos imponentes muros yace – a través de la única hendidura llamada *Sik* – la maravillosa ciudad de Nabatea.

Esto es Petra: dentro de la sombría masa montañosa, como si el centro hubiera sido excavado, hay un valle que cubre un área de treinta y ocho kilómetros cuadrados. A lo largo de los siglos se han tallado fachadas magníficas a cada lado de esta depresión escondida. Inmensos claustros con columnas, vastos salones repletos de pilares, tesoros abovedados y arqueados, salas de audiencias, templos y otros cien edificios se alzan como una ciudad de hadas. Sin embargo, la única entrada a este país de las maravillas es esa estrecha separación entre las montañas; y cada edificio ha sido tallado a mano *in situ* en una variedad de estilos: entre los cuales predomina el griego clásico. Súmale a todo esto el hecho de que las rocas abarcan todas las tonalidades del rojo y las fachadas son de un tamaño gigantesco, y tendrás una idea de la impresionante gloria de la difunta – pero de alguna manera casi viva – ciudad de Petra.

¿Cuál es su historia? Como en lo referido a muchas otras cosas, la Biblia nos dice algo de ello. Cuando Jacob, expulsando a los horitas de sus refugios en las rocas, le dio a Esaú la oportunidad de venir aquí, la gente comenzó a ser conocida como Edomitas:

“La soberbia de tu corazón te ha engañado, tú que habitas en las hendiduras de la roca, que pones en las alturas tu morada, y dices en tu corazón: ¿Quién me hará bajar a tierra?” (Abdías, v. 3.)

Fueron los edomitas, los antiguos petranos, quienes rechazaron el paso de los israelitas cuando regresaron de la cautividad egipcia. Se cree que la sed encontró a los israelitas cerca de Petra y Moisés golpeó la roca aquí: de ahí el Valle de Moisés. Este arroyo aún corre, y la gente local todavía cree que posee propiedades milagrosas.

Los edomitas e israelitas nunca se armonizaron. Extendiendo su influencia hasta el río Jordán, los hombres de Edom fueron reemplazados por los nabateos, una tribu árabe altamente culta. Divididos en dos secciones – soldados y comerciantes –, se dice que comerciaban con la lejana China y sus inscripciones se han encontrado en lugares tan lejanos como Italia. Luchando contra los romanos durante siglos, fue solo en el año 106 d.c que fueron vencidos. A partir de esa fecha desaparecieron, y la historia calla acerca de Petra hasta que llegaron los cruzados y construyeron aquí su iglesia, el único edificio no excavado en las rocas.

Mientras cabalgaba hacia la ciudad secreta, noté que las estrechas paredes de piedra a ambos lados de la hendidura estaban desgastadas por la erosión o el paso humano a través de los siglos. La oblicua luz del sol golpea el marrón rojizo contra las rocas. Desde aquí hay una caída abrupta de más de doscientos metros. Fácil de defender, es casi imposible imaginar cómo se podría haber tomado esta ciudad en una guerra; traición parece ser la respuesta. Cuando mi caballo se abrió paso cautelosamente a lo largo de la cornisa, un susurro del viento fue todo lo que irrumpió en mis reflexiones silenciosas.

Después de casi dos kilómetros de lo mismo viene la primera y más hermosa fachada de todas: el tesoro, que marca el comienzo del valle. Los rayos del sol abrasador, vertiéndose en el ahora abierto valle con forma de copa, intensifican la brillante ilusión de un calor rojo en toda el área. Dentro de los enormes portales, como en otras cavidades de Petra, ahora no hay nada para aliviar el vasto vacío del interior. Sin muebles, no hay nada excepto una soledad omnipresente en lo que alguna vez fue el centro de un poderoso imperio. La leyenda local dice, sin embargo, que los príncipes mercantes nabateos "Tenían entre quinientos o mil esclavos y yacían sobre divanes de marfil con incrustaciones costosas; las bandejas estaban hechas de oro y plata, incluso las que usaban personas inferiores; las siete suntuosas alfombras yacían en el suelo una encima de la otra."

Sin embargo, los soldados parecen haber vivido una vida más austera que esa. Ingresé a una caseta de guardia a la entrada del Tesoro. Al otro lado del centro de la habitación había una amplia mesa de piedra flanqueada por bancos estrechos y lisos tallados en la roca. Los nabateos deben haber sido personas pequeñas, pues me pareció incómodo meterme entre el asiento y la mesa.

Más allá de esto, el valle se abre. A la derecha y a la izquierda se encuentran tumbas y salones (uno el gran Salón de Audiencias de los antiguos reyes), cada uno decorado por fuera con intrincados tallados, estatuas y columnas. El detalle aún permanece, cada centímetro es un monumento a la habilidad creativa del hombre.

Literalmente cientos de tumbas, altares y lugares de sacrificio están cortados en las abigarradas rocas de color rojo-rosáceo y terracota. En el interior, como en el exterior, las vetas de arenisca verde, roja, amarilla y azul dan un efecto magnífico, una reacción cálida de bienestar casi físico: similar al disfrute que producen las piedras preciosas incrustadas.

Y cuando cae la noche, y la luna cabalga por los cielos y esta ciudad de hadas se baña en su luz plateada, hay una mezcla tan sutil de color en las caras de los templos de roca, contrastando con la solidez masiva de la talla, que empobrece a cualquier descripción posible.

Cuando pisé este extraño lugar pareció que el tiempo retrocedía dos mil años, y más; y la imaginación evocaba escenas vivientes en cada maravilla. Los sacerdotes de túnica larga del dios del sol Dushara en el Altar del Sacrificio; los oficiales con casco dorado de la Guardia Imperial; el tesoro de gemas invaluables que localmente aún se lo cree oculto en la enorme pero inaccesible urna de piedra que supera al Tesoro.

Lo más extraño acerca de aquellos salvajes civilizados que deben de haber sido los nabateos de Petra, fue su afán de adoptar todo lo vinculado a aquellos con quienes entraron en contacto. Adoraban a los dioses estelares de sus antepasados árabes, saqueaban y comerciaban por todas partes para traer riqueza e ideas arquitectónicas a su reino bandido.

Incluso cuando el emperador Trajano finalmente obtuvo la ciudad para Roma, los petranos copiaron ávidamente su arquitectura para sus palacios de roca. Incluso la conquista romana no terminó con Petra. Un gran anfiteatro fue excavado en la roca, y la vida seguramente continuó igual que antes; los guardianes de este punto estratégico continuaron imponiendo tributo a las desdichadas caravanas que se dirigían a La Meca y al sur de Arabia.

Pero el giro del comercio y la economía estranguló a la fortaleza ladrona. En mi opinión, debería considerarse una de las maravillas del mundo. Dudo que alguien pueda siquiera vislumbrar esa hendidura – que es la entrada – de veintiún metros de altura sin sentir cierto arrepentimiento de que esta civilización haya fenecido.

Pero tal es la inquietud humana, que volví sobre mis pasos hacia Ammán; porque el atractivo de aquel otro objetivo ahora acechaba mis pensamientos: Jerusalén la Santa ...

CAPÍTULO XX

La roca del paraíso

De pie en el Monte de los Olivos, no tan lejos de la Capilla de la Ascensión, y mirando el panorama multirreligioso que es Jerusalén, comencé a sentir un indicio de la unidad en la diversidad que aquí casi anuncia en voz alta el empeño del hombre hacia el infinito.

Elevándose sobre el horizonte de la ciudad estaba lo que realmente había venido a ver: la Cúpula de la Roca, el segundo lugar más sagrado del Islam después de La Meca, construida sobre el sitio del Templo de Salomón. Más allá de eso, acaso no tan nítidos, los bloques de casas que conforman la calle David evocan a Notre Dame de Francia; y aún más allá serpentea la carretera de Jaffa como una blanca cinta sedosa, patrullada por los vehículos blindados de la Legión; parecían simples puntos desde donde estaba yo.

La Cúpula de la Roca debe ser uno de los edificios más extraordinarios del mundo, tanto de hecho como por atribución mítica. Sobre un vasto patio pavimentado se levanta este Santuario multilátero con su impresionante y sencilla cúpula que alberga la Roca, que según la leyenda es uno de los cimientos del Paraíso. El edificio actual fue construido por el califa Abd-el-Malik, a un costo equivalente a los ingresos de siete años de todo Egipto. Es venerado por judíos, cristianos y musulmanes por igual, y debe ser uno de los primeros sitios de la consagración del hombre al ideal de un Dios único.

Es aquí donde los judíos acudieron a lamentar su destino, y un lado del sitio es lo que se conoce como el Muro de los Lamentos. Fue uno de los lugares sagrados más disputados durante las Cruzadas, y Balduino II lo convirtió en una iglesia. Fue el Templo original de la Orden de los Caballeros Templarios.

La tradición dice que los caldeos destruyeron el Templo de Salomón en este lugar, y que la Roca misma (que todavía es visible dentro del Santuario) era el Trono del propio hijo de David. Setenta años después fue reconstruido, solo para ser nivelado nuevamente. Herodes lo reparó y lo entregó a los judíos. Jesús fue traído aquí por su madre cuando era una criatura.

Debajo del piso del Santuario se encuentra el Pozo de los Espíritus, que emite un sonido hueco y susurrante. Los espíritus de los difuntos se reúnen aquí dos veces por semana, y el Santuario está rodeado por setenta mil ángeles que desfilan alrededor del edificio, al igual que los peregrinos de las tres religiones… en guardia eterna.

Ocho tramos de escaleras conducen a la explanada, más allá de un hermoso pórtico en la meseta misma. En el Día del Juicio, dice una tradición, las balanzas que pesarán los actos humanos serán apoyadas sobre la Roca.

Siempre te puedes dar cuenta cuando un visitante ingresa al Domo por primera vez, me dijo un guardián. Al entrar, su impresionante belleza invariablemente lo golpea con una fuerza casi física. Los rayos del sol, teñidos de rojo, azul y verde por los vitrales, chocan directamente con el interior a medio iluminar. Al pasar, estos rayos hacen que brille la hermosa incrustación dorada del Domo que mide 54 metros. Alrededor de las paredes hay magníficas inscripciones arabescas que registran en árabe la reconstrucción y el nombre del Defensor del Islam: el Sultán Saladino, el caballeroso enemigo de Corazón de León en las Cruzadas.

Debajo yace el arca de Noé, surcando aguas insondables ...

El área total del Santuario abarca no menos de treinta y seis hectáreas. Dentro de esta circunferencia, cerca de la Cúpula misma, se encuentra la venerada Mezquita de Aksa: la "Mezquita más lejana". Se nos dice que cuando Muhammad fue llevado por el corcel mágico Buraq en su vuelo celestial, el caballo se posó aquí para que el Profeta pudiera decir sus oraciones. La Silla de Buraq está representada por una serie de fragmentos de mármol, y muchas otras reliquias de diversos grados de credibilidad están también en exposición.

Puedes ver la huella del profeta Idris (Enoc), el lugar de descanso de los asesinos de Thomas à Becket, los establos de Salomón y el lugar de los Diecinueve Clavos.

Se dice que estos clavos fueron martillados en la roca por el profeta Muhammad. Uno por uno, cuenta la leyenda, caen a través de la roca. Cuando caiga el último, será el fin del mundo. Hoy, después de mil trescientos años, quedan tres clavos.

Se supone que la mezquita de Aksa fue originalmente una basílica erigida por Justiniano en el 536, en honor a la Santísima Virgen. El sultán Saladino restauró el interior, marcándolo con su fecha de 1186.

Los musulmanes y cristianos que hacen el viaje hasta aquí son generalmente bautizados por los árabes locales piadosos con el título de *Haj*: distinción generalmente reservada para aquellos que hacen la peregrinación a La Meca.

Volviendo a las bulliciosas y modernas calles de la capital jordana, Ammán parece casi un mundo diferente. Indudablemente hay renuencia a abandonar Jerusalén, pero al mismo tiempo todos los que van allí traen en su corazón algo de la atmósfera del lugar. Llámalo experiencia, superstición o imaginación. Sea lo que fuere, no puedes comprarlo, venderlo o recrearlo. Al igual que la experiencia de la peregrinación a La Meca, se queda contigo para siempre.

Con un humor duradero y profundamente contemplativo, viajé hacia el norte buscando un famoso centro de pensamiento y práctica místicos. En Siria se encuentra uno de los muchos monasterios Sufis, asociado con el misticismo del Islam: y con la hospitalidad y la iniciación, con el aprendizaje e incluso – hoy en día – con una poderosa penetración política.

CAPÍTULO XXI

En busca de Venus

ACASO EL CULTO a la belleza jamás haya tenido tantos devotos como en la actualidad. Venus, hoy como hace cuatro mil años, simboliza la femineidad perfecta en todo el mundo. Sin embargo, su verdadera historia continuó siendo a lo largo de los siglos uno de los enigmas más profundos de la historia: incluso hoy, no se ha revelado toda la verdad. Fui a su presunto lugar de nacimiento – Chipre – para investigar los orígenes y la realidad detrás del culto a la mayor diosa de los tiempos clásicos. Su adoración y lo que yace detrás proporcionan una instancia notable de una verdad que solo estamos redescubriendo hoy. Mucho se ha escrito, en el sentido puramente histórico, acerca de las añadiduras posteriores que rodean el culto a Venus. El espíritu original que impulsó a los fenicios a hacer de esta figura legendaria su deidad suprema ciertamente incluía la belleza, pero fue mucho más profundo que eso.

¿Quién fue Venus? ¿"Nació en el oleaje espumoso" del Mediterráneo? ¿Realmente nació?

Hace tres mil años, en la costa occidental de Chipre – cerca de la costa de Asia Menor – floreció el santuario más grande de todos los dioses clásicos. Este era el poderoso reino de Pafos, gobernado por reyes-sacerdotes helénicos que atendían el sagrado Templo de Afrodita, la "nacida de la espuma".

Según la *Ilíada* de Homero, ella era la hija de Zeus y Dione, reina de los cielos, patrona de la vida familiar. Los

Peregrinos piadosos viajaban aquí desde todas las tierras del Medio Oriente: el antiguo Egipto, las islas griegas – desde la propia Grecia – y el Levante. Todos traían regalos al bosque sagrado: los soldados buscaban la victoria en la batalla, los comerciantes le rezaban por el éxito en el comercio, los amantes separados dirigían a Afrodita sus oraciones para la reconciliación.

Varios miles de años antes de Cristo, la poderosa raza fenicia marinera había emigrado a Asiria desde el sur de Arabia. Su sistema tribal, bajo la guía de mujeres enérgicas y capaces, era completamente matriarcal. A su nuevo país ellos trajeron consigo a la diosa Astarté, a veces llamada Ishtar. Para ellos, esta deidad femenina representaba mucho: era la encarnación de las virtudes femeninas; nutrió a su clan tal como una madre cuida a su niño. Dado que era la diosa de la maternidad, los fenicios se referían a ella como si siempre llevara a su hijo Tamuz sobre un brazo, bendiciéndolo con el otro. Sin embargo, como las severas guerreras de su pueblo, ella protegía a sus soldados en la guerra. Más tarde, cuando se lanzaron al mar, Astarté extendió su bendición – en su mitología – sobre las flotas oceánicas que navegaban hasta Cornualles y Cartago.

Esta fue la figura – de la cual deriva el nombre Esther – que fue llevada por los comerciantes fenicios cuando colonizaron Chipre. En sus leyendas se decía que había nacido de la espuma, junto al mar. Cuando llegaron a los acantilados extrañamente hermosos de Pafos, cubiertos con claros silvanos, sintieron que aquí había un lugar digno de ser el santuario central de su gran diosa. En las colinas, el calor del verano siempre es templado por la suave brisa; de hecho, las playas están bañadas por una extraña espuma blanca como la leche. En tal lugar era necesaria poca imaginación para creer que podría nacer una diosa.

Ktima, tal como se llamaba entonces, se convirtió en el santuario sagrado de la diosa de la maternidad. Su fama como oráculo se extendió por todo el mundo conocido de aquellos tiempos. Los propios griegos la admitieron en su mitología. Después de su nacimiento milagroso en la espuma, dijeron, ella ascendió a las alturas del Monte Olimpo para allí convertirse en una de las doce deidades olímpicas.

De pie, mirando la extraña espuma blanca como la nieve en la bahía curva de Ktima, uno vuelve a sentir aquello que debe haber sido la sensación de asombro que dio origen a esta notable leyenda. No se sabe con certeza qué causa la espuma: ciertamente nunca he visto algo así. Sin embargo, existe la posibilidad de que algún elemento químico esté presente en la orilla del mar, mezclado con el agua salada. Hay algo casi inquietante al respecto.

Los romanos, cuando entraron en contacto con Afrodita, se convirtieron rápidamente a su culto. Renombrándola Venus, no tardaron en reclamarla como la madre de la raza romana a través de su hijo Eneas. Los discípulos de Venus entre los romanos llevaron su adoración a las Islas Británicas; uno de sus templos en este país estaba en Stowe y otro en Corbridge, Northumberland. Se dice que la Venus despachada es idéntica a la figura de Britannia que aparece en el reverso de cada centavo. En todo caso, se creía que Afrodita – como Britannia – gobernaba las olas para los buques de guerra fenicios.

Sin embargo, una de las cosas más extrañas de Venus es el desarrollo de su representación como figura femenina a partir de su forma original; porque al principio no era más que un trozo de piedra gris-negra.

Parece que, al comienzo de su culto, fue considerada como la deidad suprema. Como tal, los fenicios tenían miedo de hacer cualquier figura para retratarla; porque creían que tal intento estaría destinado al fracaso. Así tomaron la piedra negra como símbolo, colocándola en el gran santuario del templo de Pafos. Tácito, el antiguo escritor, parece haber temido su ira cuando cautelosamente les dice a sus lectores que la Venus del Santuario "no tiene forma humana".

Hasta hace relativamente poco, el hecho de que la antigua Venus era – efectivamente – esta piedra cónica, no formaba parte del conocimiento general. Sin embargo, una antigua moneda de Bylbus ofrece una representación estilizada de la piedra en su lugar. A partir de esta y otras pruebas, además de la exploración *in situ*, he podido reconstruir las características principales del santuario.

Kouklia, donde se encuentran los restos del templo, es hoy una vasta área de ruinas. Los terremotos, las conquistas persas, turcas, árabes y la guerra civil han contribuido a la desolación general de lo que una vez debió haber sido una vista muy imponente. Situado en una altura que domina la llanura que baja hasta el Mediterráneo, es uno de los lugares más encantadores de la Isla Encantada. A unos dieciséis kilómetros hacia el mar – yendo al oeste –, sigue abierto el antiguo camino de los peregrinos, a lo largo del cual millones de fieles han llegado al templo cuyos misterios fueron famosos durante toda la era clásica. Hoy en día, un nuevo camino sigue exactamente esta ruta – que alguna vez fue venerada – a Ktima, la fortaleza de los reyes-sacerdotes y el puerto de peregrinos más grande del mundo de antaño. La mayoría de los peregrinos viajaban por esta ruta; otros, viniendo de Oriente, desembarcaban en Salamina, al otro lado de la isla.

Dentro de un enorme patio o recinto se alzaba un santuario techado y rodeado por columnas. Palomas esculpidas fueron colocadas sobre los pilares gemelos del "santo de los santos". La piedra misma estaba en el centro, siempre adornada con costosos revestimientos. Justo frente a esto estaba el altar de Venus, sobre el cual el incienso ardía sin cesar. La leyenda dice que, aunque esto siempre estuvo aquí, incluso la lluvia más fuerte no afectaba su quema.

Al acercarse el peregrino a este lugar santo celosamente vigilado, se esperaba que aquel se adhiriera estrictamente a los rituales establecidos por el sacerdote-rey, y que las sacerdotisas hacían cumplir.

En la época de las Guerras de Troya, el gran gobernante del reino de Pafos – y sacerdote del santuario – se llamaba Kinyras; su dinastía gobernó el país y el templo durante más de mil años. Se dice que introdujo los famosos misterios del antiguo Egipto en el santuario y que allí practicó la alquimia.

Había tres grados de estos "misterios", realizados por peregrinos selectos. El primero duraba tres días. El primer día participaban en juegos; en el segundo, se bañaban en el mar en homenaje a Venus; en última instancia, se ofrecían a la diosa sacrificios sin derramamiento de sangre en honor a la grandeza de la maternidad. Las mujeres, en particular, rezaban por la belleza para ellas mismas y para el éxito de sus hijos.

El grado más alto, en el que solo unos pocos eran iniciados, era conocido como el Misterio de Afrodita y Adonis, su amante. Se sabe muy poco acerca de este ritual, excepto que enfatizaba la belleza permanente del amor.

Aquellos a los que se les permitía tocar la piedra se les regalaba un símbolo y un poco de sal. Estos emblemas, a cambio de los cuales se ofrecía una moneda, eran considerados amuletos de la suerte. En el caso de los soldados, traían la victoria en la batalla; para otros, aseguraban el logro del deseo del devoto.

Aún hay muchos misterios de Venus por resolver. Por ejemplo, ¿dónde está el otrora famoso sarcófago de piedra de jaspe, que una vez decoró el santuario? Hasta la época de los turcos fue guardado en la Catedral de Santa Sofía en Nicosia, la capital. Hace unos cien años desapareció. La leyenda local dice que cayó de los cielos como una cama para Afrodita. Otros sostuvieron que fue creado por los dioses en un intento de hacer una imagen de ella. En cualquier caso, este bloque colosal de jaspe ha desaparecido por completo.

La reputada Tumba de Venus está en otro sitio. Esto da un indicio más acerca de los ritos de Pafo, ya que hay varias referencias al hecho de que la diosa "solía morir periódicamente". Este evento no tuvo lugar regularmente, como en el caso de los cultos adoradores del sol, donde se cree que el sol muere en invierno. Puede que esto, junto con un uso cada vez mayor de una figura humana para representar a la diosa, signifique otra cosa. Es altamente probable que de vez cuando las mujeres jóvenes fueran elegidas para encarnar los atributos de Venus como una deidad del amor. En tales casos, por supuesto, morirían algún día. Sus cuerpos – como criaturas semidivinas – podrían ser enterrados en un lugar de distinción especial. Esto es más plausible debido al hecho de que en Chipre hay varias tumbas reputadas de Venus.

Hoy en día la piedra negra se encuentra en el Museo de Nicosia. Las hendiduras profundas muestran dónde los sacerdotes solían ungir la superficie en honor a su diosa. Toda la superficie del cono ha sido erosionada por generaciones de manos de peregrinos. Inmensos montículos de escombros, columnas de mármol y paredes están esparcidas sobre una gran área en el sitio del Templo. Los pasajes secretos en el terreno descuidado, que aparentemente no llevan a ninguna parte, probablemente marquen las entradas a las recámaras de los sacerdotes.

Pero la adoración a Venus aún continúa. En Chipre, me intrigaron los informes de que los aldeanos todavía ungían en secreto piedras en su nombre. Un amigo me llevó a varios lugares donde, al caer la noche, jovencitas ingresaban a los recintos del templo de a tres y cuatro a la vez.

Cada una de ellas, con una olla pequeña de agua y un trapito empapado en aceite, fue hacia una piedra vertical para pedir su deseo en el templo de Afrodita.

Venus ha comenzado a despertar nuevamente el interés de los arqueólogos; hace poco se han realizado algunas excavaciones en el sitio del templo, pero es poca la luz que se ha arrojado sobre el apogeo de la adoración de Afrodita. Unir la historia de Venus desde la Piedra Negra de los Fenicios hasta la Venus de Milo de la femineidad perfecta fue un estudio fascinante y una aventura.

Mi propia impresión es que es poco probable rastrear los orígenes del culto más allá de los fenicios – si es que se puede hacer – sin una investigación exhaustiva en Asia Menor... y posiblemente incluso en el sur de Arabia, donde estuvieron los primeros asentamientos.

Pasando del pasado remoto al rastro del presente cotidiano seguí el siguiente evento importante en la vida de esas encantadoras muchachas de la aldea, a las que vi ungir piedras grandes y pequeñas con aceite de rosas mientras pedían que fueran bendecidas con un buen esposo, ya que la población mixta del pueblo – griegos y turcos por igual – se deleita con sus bodas tradicionales y el énfasis en la felicidad de los casados.

Como en todas las tierras donde las industrias modernas pesadas son pocas, la vida campesina en Chipre conserva el color y el deleite: pero aquí, quizás más que en cualquier otro lugar, la rica historia de cruzados, sarracenos, faraones y venecianos parece proporcionar un trasfondo ideal para el disfrute de la vida.

Nueve de cada diez chipriotas viven en sus pintorescos pueblos de montaña o de las llanuras. Ya sea en los viñedos de las tierras altas, entre las naranjas de las costas occidentales o entre las comunidades de pastores del Monte Olimpo ("Hogar de los Dioses"), las bodas son un asunto muy importante.

Antes de la ceremonia, las negociaciones se extendían durante meses de discusión entre los padres de los prometidos. Mientras toman café turco y comen ciruelas azucaradas, los dos padres se sientan a discutir la dote nupcial: cuánto debe aportar la joven, lo que el futuro esposo está dispuesto a hacer por ella y los aspectos más prácticos del caso.

Para las mujeres este es un momento de planificación, entusiasmo y trabajo duro. Amigos, parientes y allegados se ven presionados a un servicio implacable para preparar blusas lujosamente bordadas, amplias faldas campesinas, todo el ajuar que debe tener toda heredera respetuosa de Venus.

Las madres de los novios están en cónclave perpetuo para decidir el plano de la casa y su mobiliario. Estos son suministrados por los padres de la novia.

Tan pronto como todo está arreglado, la pareja intercambia anillos: esto significa que la ceremonia puede llevarse a cabo en cualquier momento. Durante los días previos a la fecha señalada, quienes estaban dispuestos a ayudar trabajaban como esclavos en la casa de la novia, preparando grandes cantidades de alimentos que serán comidos por los invitados. Dado que todo el pueblo está invitado – y a veces también el vecino – esta no es una tarea fácil.

Los voluntarios traen botellas de vino, fruta conservada en almíbar, hornean pasteles, hacen macarrones y otros cientos de platos del país. Diez "padrinos de boda" y la misma cantidad de damas de honor son seleccionados entre grandes escenas de competencia. Como en Occidente, se considera afortunado ser uno de estos.

Mientras tanto, las mejores costureras de la comunidad confeccionan ropa bordada con colores alegres y piezas de seda. Durante las labores, se cantan canciones tradicionales y un violinista las acompaña para asegurar la buena suerte de la feliz pareja.

Por fin todo está preparado para la ceremonia. Las invitadas ingresan al salón del pueblo o a las habitaciones más grandes de la casa de campo. Al llegar se les da la bienvenida a cada una con unas gotas de agua de rosas que la madre de la novia deposita sobre sus palmas. En estas ocasiones, las damas de honor visten amplias faldas campesinas y una especie de chaqueta al estilo balcánico y turco. De manga ancha, aterciopelado, este chaleco está bien sujeto a la cintura, mientras que su parte delantera está abierta y adornada con el famoso encaje de Lefkara. Un tocado alegre en estilo pirata completa el disfraz.

Luego vienen las danzas. Con zapatos de tacón plano – pero hoy en día son a veces occidentales – las mujeres unen sus manos y siguen el ritmo de la música vivaz, interpretada por una banda de violinistas. Cuando termina la canción, los bailarines levantan el brazo derecho en un gesto dramático y todos aplauden. Hay dos bailes: el primero a la intemperie; el otro dentro de la casa, al lado de la cama nupcial.

Cuando las campanas de la iglesia comienzan a sonar, una gran procesión se abre paso hacia la escena de la ceremonia. El sacerdote reparte velas antes de que comience la boda. Cada invitado enciende la suya y la sostiene en su mano hasta que todo termina.

Uno de los aspectos más livianos de la boda es cuando el sacerdote llega a las palabras "amar y obedecer". Tan pronto como se ha pronunciado esta frase, ¡el novio pisa a la novia para asegurarse de que haya tomado nota!

Luego de vuelta a la fiesta. En la casa de la novia se ofrecen pasteles y todo tipo de delicias. Se beben grandes cantidades del dulce vino local, que no es muy fuerte. Los recién casados comparten un par de palomas asadas, para cimentar su felicidad simbólica.

La boda puede haber terminado, pero no las celebraciones.

Los bailes, las hogueras, los violines y el canto continuarán por al menos tres días, principalmente a expensas de la novia. El plato principal ofrecido en estos banquetes se llama *Resi*. Hecho de trigo y cordero, debe prepararse con gran ceremonia. Las niñas, que cantan canciones tradicionales, se turnan para moler la harina que ha sido inspeccionada y bendecida con considerable solemnidad semanas antes, y cuidadosamente encerrada "para que no le ocurra ningún mal".

Una cama especialmente hecha, en cuya preparación han participado todas las mujeres del pueblo, es el regalo de la comunidad para la pareja. En medio de canciones y bailes complicados, el colchón está hecho con un cuidado meticuloso. Las hierbas aromáticas y las monedas de plata para la buena suerte son cosidas en una esquina. Cada pequeño detalle de una boda en un pueblo de Chipre tiene su propia ceremonia, vestimenta y canción.

Si bien no hay viaje de luna de miel, hay un estallido de regocijo y juerga durante todo este período de varias semanas que, según la gente de Chipre, lo compensa con creces.

Es refrescante sentir que todavía hay muchos que pueden divertirse tanto con su vida tradicional, y que no muestran la más mínima señal de querer modernidad en lo que es una existencia extremadamente contenta.

CAPÍTULO XXII

El aprendiz de brujo

TODOS HAN OÍDO hablar del yoga; la gente está preparada para creer que los teólogos tibetanos pueden sentarse completamente desnudos en la nieve durante semanas y obtener alguna ventaja espiritual de ello; o al menos no sufrir daños permanentes por la experiencia. La brujería de África es un hecho establecido. Pero, ¿cuántas personas en Occidente saben algo sobre el Sufismo?

La filosofía mística de los musulmanes es una de esas cosas que es un secreto a voces para la gente de Oriente, pero para un occidental es más impenetrable de lo que te puedes imaginar. Es practicado por unas diez o veinte millones de personas. En algunos lugares, como la India musulmana o Afganistán, casi todos los hombres adultos están afiliados a una de las cuatro órdenes principales en mayor o menor grado. Es cierto que hay libros sobre el tema en inglés; ciertos orientalistas occidentales (término ridículo) incluso han hecho un estudio especial al respecto. Una parte de la mayor literatura de Oriente ha sido escrita por místicos Sufis, y esto ha constituido la fuente de material para los libros verosímiles pero inútiles "que explican" el misticismo islámico a Occidente.

Escribiendo – tal como lo hago – en inglés y para un público occidental, puedo entender algunos de los problemas que los orientalistas deben enfrentar al tratar de describir algo para lo cual no hay paralelos precisos en el pensamiento europeo. Es fácil de simplificar, es fácil tener una idea general del

Sufismo, es posible dejar en papel comentarios generales que parecen tener autoridad pero que apenas rascan la superficie. Esta es la tentación a la que han sucumbido muchos de los profesores de estudios orientales altamente respetados. Prefiero dejar constancia de que estos sabios entienden más de lo que escriben pero que les resulta difícil escribirlo, que afirmar que no lo entienden en absoluto.

Quizás la dificultad se pueda comparar en parte con la tarea de alguien que es ajeno a la masonería y que intenta estudiarla. Aquellos que quieran profundizar en el Sufismo tendrán que buscar una presentación profunda del culto en otra parte que no sean estas páginas[5]. Todo lo que puedo aspirar a hacer aquí es dar un resumen general de algunas de las características principales del sistema y luego sumergirme en mi historia: porque después de todo este es un libro de viajes, incluso aunque no se detenga en cada momento de mis recorridos; y también abarca mi búsqueda de lo inusual y lo más destacado que he visto y escuchado en el Medio Oriente.

El Sufismo se organiza principalmente en cuatro escuelas u órdenes semimonásticas, cada una derivada de un Maestro que desarrolló un sistema rígidamente organizado de recitaciones, ejercicios y estudios. El objeto de este esfuerzo es el refinamiento del alma y la unificación de la mente del hombre con la de Dios. El Sufismo es islámico, y por eso se considera imposible que un no musulmán se convierta en Sufi. Se atribuye una cantidad asombrosa de milagros a los Sufis, entre los cuales figuran la precognición, levitación, poder sobre los árboles, plantas y otras cosas naturales, curación de enfermedades, volar de un lugar a otro... y un poder sobrenatural en la mayoría de sus aspectos.

[5] Se brindan más detalles en mi *Magia oriental* (ISF Publishing, Londres, 2018).

El tiempo, tal como lo conocemos, es de poco interés para los Sufis. Afirman estar en contacto telepático entre sí, independientemente del tiempo y la distancia. Se cree que los santos muertos hace mucho tiempo están en contacto activo con los teólogos vivos. Estas son las personas conocidas como derviches en Turquía y en otros lugares, y muchos de los denominados *fakir* (es decir, "humilde") en la India. Un hijo generalmente se une al *Halqa* (círculo) al que pertenecía su padre. No hay celibato en el Sufismo, y no hay un tiempo establecido para la transición entre una etapa de poder y la siguiente. Todo depende del progreso individual. Los Sufis, por cierto, no creen en la reencarnación sino en la irrealidad de la muerte.

Ahora bien, los Sufis no predican el culto. Depende del joven inquisitivo – tal como suele serlo – buscar un círculo Sufi y solicitar el ingreso. No se cobran cuotas, y una vez que un candidato es aceptado está bajo un voto de obediencia absoluto más estricto que cualquier código militar que yo conozca. El propósito del desarrollo del propio Sufi es convertirse en un hombre perfecto y en consecuencia tener el mayor valor posible para la comunidad.

Estuve presente con frecuencia en las reuniones de Sufis en varios lugares, participando en sus recitaciones y escuché sus discursos. Ahora, en Siria, decidí ver si podía penetrar más profundo en el lado activo de la vida Sufi. Quería tener una visión más clara y de primera mano de todo.

En Yeniburj (cuya ubicación fue difícil ya que algunos negaban su existencia) subí por la empinada pendiente de la ladera, donde el antiguo monasterio – una colección de antiguas fortificaciones erosionadas – se destacaba contra el cielo del atardecer. Tenía una carta para el *Wali* (santo) del lugar, a quien llamaré Sheikh Ibrahim. Los "hermanos laicos" a los que pasé por la pendiente eran hombres de aspecto piadoso, vestidos con la túnica emparchada del derviche, llevando agua, cuidando huertos, ordeñando cabras. Me llevaron al edificio más grande para esperar la llegada del Sheikh.

Al parecer, esta comunidad estaba compuesta principalmente por refugiados del régimen kemalista en Turquía, donde la República había disuelto los monasterios en la década del 20 e ilegalizado la práctica del Sufismo.

Filtrándose hacia el sur en Siria, estos Sufis se habían instalado en la fortaleza en ruinas, le habían agregado varios edificios más pequeños y ahora continuaban con el culto sin ninguna interferencia.

La sala del castillo donde me hallaba sentado era alta, arqueada y rodeada de claustros, a la manera del caravanserai de Medio Oriente. En una esquina del enorme patio se cocinaba la comida sobre un brasero. Un cocinero Sufi dio vuelta la carne de *shashlik* en una brocheta sobre las tenues llamas y observó un caldero de sopa hirviendo a fuego lento bajo las brasas. Apilados a su lado estaban los platos de sopa de la comunidad, que eran compartidos por todos: porque a nadie se le permite tener propiedad privada, y hay una famosa (probablemente apócrifa) historia de un venerable Sufi que fue "expulsado de la Orden" por haber indicado una preferencia por un tazón sobre los otros.

La esquina del patio que daba a La Meca estaba decorada con un nicho pintado, con la palabra Alá escrita en él. Yo estaba sentado sobre una de las alfombras dispuestas en forma de herradura alrededor de la parte sur de la escena. Desde el fuerte mismo vino el ritmo monótono del *halqa* en acción; debe haber habido unas trescientas voces entonando el canto: *¡La-illaha-illa-lah!* (no hay Dios sino Alá), y pude imaginar el círculo de fieles balanceándose hacia adelante y hacia atrás al ritmo de las sílabas. Este es un ejercicio Sufi conocido (*dhikr*) en todos los países musulmanes.

Un joven miembro de la Orden, vestido con un manto de algodón color naranja suave típico de los Sufis, me trajo una copia del Corán y me sumergí en su lectura. De repente, desde la parte superior de la torre del castillo, el grito largo y sostenido del Muecín resonó: "*Hayya alaessalah* ..." ("¡Ven a la oración, ven al éxito!"). Era hora de las devociones de la tarde, ya que los ejercicios Sufis son adicionales a las cinco oraciones obligatorias del islam establecido.

Me apresuré a la fuente en el centro del patio y realicé mis abluciones: lavado de manos, brazos, cara y pies. Cuando miré a mi alrededor, todo el lugar parecía repentinamente lleno de figuras dirigiéndose presurosamente al interior del fuerte. Los seguí a la mezquita. Esta, en el centro del edificio, era una enorme cámara sin ventanas; despojada, excepto por las esteras en el piso y los nombres del Profeta y los Cuatro Califas inscritos en medallones en lo alto de las paredes.

Después de terminadas las oraciones congregacionales, cuando nos quedamos en silencio por unos minutos en contemplación privada, miré a mi alrededor para tener una idea de mis compañeros. Eran un grupo de aspecto muy variado. Aproximadamente la mitad de los quinientos y pico estaban vestidos con largas túnicas naranjas. Otros llevaban prendas de algodón cubiertas con parches: ambas variedades de "uniforme" Sufi. Cada uno de ellos tenía el pelo hasta los hombros y la mayoría tenía barba. Había algo muy monacal en su aspecto. Parecían venir en todos los tamaños, y variaban en edad desde unos veinte años hasta el propio Sheikh, que podría haber tenido cien, con su cabello blanco y su bastón. No había mucha luz porque las lámparas de aceite estaban bajas y parpadeaban.

Me presenté ante el Sheikh. Era alto, delgado y de rostro serio. "Bienvenido, hermano, quédate todo el tiempo que quieras ..."

Poco a poco, de a dos o tres, la congregación se dispersó. Me dijeron que para los estudios la comunidad estaba dividida en secciones, cada una bajo un líder. Entre las horas de oración, cada líder llevaba su sección a una u otra de las habitaciones reservadas para su uso y les daba instrucciones. En ciertos momentos toda la comunidad se reunía en el *Zawiya* (salón de actos) y realizaba ejercicios físicos y religiosos bajo la guía del Sheikh o uno de sus cinco asistentes. Estos sheikhs asistentes eran los más desarrollados espiritualmente después del Sheikh, y un día uno de ellos se hará cargo de la túnica azafrán de liderazgo del monasterio, mientras que los otros saldrán al mundo para formar sus propias comunidades.

Regresamos al patio donde se reunía el *Diwan* del Sheikh. Cada Sufi tiene su propia alfombra o estera, y su propia posición en la herradura. Estos son factores determinados por el Sheikh y ninguno puede ocupar el lugar de otro. La disposición de las ubicaciones denota el grado de iluminación espiritual que el individuo ha alcanzado.

Debido a que mi persa era mejor que mi árabe sirio, y posiblemente debido al hecho de que el persa es una lengua clásica del Sufismo, el Sheikh y su "gabinete" llevaron a cabo sus deliberaciones en ese idioma. Su habilidad lingüística era considerable. La sesión se dividió en tres partes. Primero vinieron los asuntos seculares. Uno por uno, los hermanos laicos a cargo de diversas actividades vinieron y presentaron cuentas e informes. El Sheikh resolvía asuntos pequeños y daba instrucciones administrativas generales.

Luego los no iniciados fueron despedidos, y el Sheikh dio una interpretación de una de las obras de al-Ghazzali. Durante más de una hora se aferró al significado de un pasaje del *Renacimiento de las ciencias religiosas*, mientras la asamblea permanecía muda y relajada, permitiendo que cada palabra fuese asimilada. No había duda de que era un hombre de conocimientos muy profundos. Hablando sin consultar notas ni el texto que tenía delante, interpretó una parte oscura de la obra más difícil de los islámicos utilizando profusas citas literales del Corán, que sabía de memoria.

Hasta este punto, el silencio había sido obligatorio para todos. No se podían hacer preguntas.

Sin embargo, ahora llegaba el debate. Uno de los Sufis había desafiado a otro a un debate sobre la realidad de la existencia y el significado del tiempo. Primero habló uno, luego el otro. Después se permitió que el primero respondiera. Se recitaron poemas y pasajes de los clásicos para embellecer y dilucidar puntos. Una serie de obras de gran erudición – desconocidas para mí – fueron citadas *in extenso*. Luego se preguntó a los demás si alguien deseaba comentar sobre el debate. Uno por uno, tres de los Sufis más importantes hablaron a favor y en contra de la moción, por así decirlo.

Entonces silencio. El Sheikh resumió toda la gama de argumentos y dio su veredicto, más bien al estilo de un juez de apelaciones en Inglaterra. Esta fue probablemente mi experiencia más absorbente de todas durante ese viaje al Medio Oriente. Esto parecía un procedimiento lo suficientemente estándar aquí, pero el alcance y la profundidad de los procedimientos – completamente extemporáneos – fueron sorprendentes.

Ahora, mientras se acumulaban las sombras del atardecer, nos alineamos para buscar nuestra comida en la "cocina" al otro lado de la plaza. A cada hombre se le entregó un cuenco lleno de sopa de verduras, en la que se habían incluido trozos de carne asada; se añadió una hogaza sin levadura grande y redonda, y una botella de agua del pozo. Nos sentamos a comer en círculo en completo silencio, tal como es costumbre. Pero no había lugares jerárquicos en las comidas, y el Sheikh se sentó al lado de un joven sin barba; mientras que uno de los sabios superiores me flanqueaba por un lado y por el otro el cocinero mismo.

Cuando terminamos y nos lavamos las manos, los rostros y los cuencos, realizamos en grupo la oración vespertina en la Mezquita.

Cuando me iba, el Sheikh me apartó a un lado y preguntó si me uniría a su *halqa* en sus devociones especiales esa noche. Intentando no mostrar demasiado entusiasmo, acepté. Me dijo que estuviera en la mezquita a la medianoche. Tenía alrededor de cuatro horas hasta entonces, que las pasé explorando el monasterio. En una habitación, tres sastres derviches se sentaron a remendar las prendas de sus compañeros con agujas de hueso, a la luz de las lámparas de aceite. La ropa era, al parecer, compartida por todos. Al lado estaba la tienda de tejidos, donde se creaban productos con pelo de cabra para la venta local. En la biblioteca, doce copistas se sentaron laboriosamente iluminando manuscritos del Corán y las Tradiciones del Profeta. A medida que se terminaba cada página, verificaban su precisión cinco veces y luego se la pasaban al bibliotecario en jefe – un anciano yemenita – para que finalmente las confinara a su memoria.

Mi guía, Abdullah, había estado en el monasterio solo dos años, antes de lo cual había sido médico luego de graduarse en Berlín. Me contó una historia notable sobre el Bibliotecario, que la comparto aquí tal como la escuché.

"El año pasado vino un derviche errante y preguntó si le podíamos prestar uno de los manuscritos. Era la única copia que teníamos, y normalmente no habría sido prestada bajo ninguna circunstancia. Pero el Sheikh estuvo de acuerdo, porque el vagabundo era conocido por su piedad y su completa indiferencia hacia las cosas del mundo. No se creía posible que lo perdiera o vendiera. Lamentablemente juzgamos erróneamente. Cuando llegó a Damasco, el derviche conoció a un hombre que pensó que se beneficiaría más con el libro que él mismo. Entonces se lo prestó. Este hombre murió en peregrinación a La Meca y sus pertenencias se perdieron. Nadie sabía dónde estaba el libro.

"Cuando la noticia llegó al bibliotecario, ¡simplemente suspiró y escribió el libro de memoria!"

Creo que esto puede ser posible ya que la práctica de memorización no es infrecuente, y muchos niños son educados en esta técnica al haber aprendido el Corán de memoria. Esto lleva de dos a cuatro años. Dado que el Corán está escrito en un árabe rimado, la tarea es más fácil.

Había unos treinta derviches en la mezquita cuando llegué justo después de la medianoche. A los pocos minutos apareció el Sheikh y nos condujo a través del patio hacia una cámara subterránea de unos treinta metros de largo y la mitad de ancho. El techo era bajo, el piso estaba cubierto con alfombras persas, las paredes encaladas y bastante desnudas. Nos quitamos las sandalias en la puerta, donde varios Sufis estaban parados como en guardia.

La congregación formó un círculo, mirando hacia adentro, sentados con las piernas cruzadas. Me senté al lado del Sheikh. Por un momento todo fue silencio.

Entonces el Sheikh entonó la palabra *¡Allahu!* unas seis veces, en rápida sucesión. Del otro lado del círculo, el grito fue repetido. Pronto cada uno de nosotros estaba repitiendo la frase (¡Dios existe!) tan rápido como podíamos, aún manteniendo un ritmo. Luego, primero lentamente, entrando en la recitación, aproximadamente diez de los derviches agregaron la palabra Akbar, Akbar, *Akbar*, *AKBAR*, AKBAR, *¡AKBAR!* La frase ahora decía: ¡Dios existe, y es más grande que todo lo demás! A medida que se establecía el ritmo, los cuerpos de los devotos se balanceaban hacia adelante y hacia atrás al son de las sílabas. Noté que varios de ellos parecían estar más afectados que el resto. Algunos tenían los ojos cerrados, otros tenían una expresión fija y con los ojos muy abiertos. Había pequeñas gotas de transpiración apareciendo sobre cada rostro. Luego, como en respuesta a una señal, la mitad de ellos comenzó a aplaudir, con ritmo monótono, y los gritos crecieron en volumen, devueltos por las paredes desnudas, pareciendo reverberar a través de todo el cuerpo ... Alla*ho*-*Ak*bar, All*a*ho-*Ak*bar , Alla*hu*, Alla*hu* ... Luego se desvaneció, y finalmente hubo silencio otra vez.

Miré a mi alrededor. Tres de los derviches parecían estar en trance. Uno se inclinó hacia adelante, con los ojos cerrados, la cabeza sobre su pecho, los brazos cruzados delante de él. Los otros dos tenían los ojos bien abiertos apuntando en mi dirección, y la intensidad de su mirada era tal que no pude sostenerla. Había algo extraño en todo el asunto. Incluso la habitación parecía haberse vuelto incómodamente calurosa, aunque sabía que a esta hora de la noche debería estar fresca, y encima bajo tierra ... Comencé a percibir que mis propios sentidos estaban siendo afectados; creí que podía ver algo parado a mi lado: ¿Un hombre con barba, imponente, seguramente demasiado alto para ser un verdadero humano? Llevaba una túnica larga y tenía un bastón – no, una serpiente – o algo en la mano.

Fui sacudido de mi ensueño por un toque del Sheikh en mi brazo. Me hizo señas para que me acercara y me volví hacia él. En mi oído dijo: "Recuerda esto: vas a ser un hombre grande, un hombre importante. Te veo caminando por un gran jardín, hay rosas y tulipanes. Estás entrando a un gran palacio, hay una alfombra roja en los escalones, estás pidiendo algo y se te otorgará ..."

Se detuvo, y su voz se volvió tan lenta que sonaba hasta graciosa. Le susurré al oído: "Estás hablando del pasado, Gran Sheikh, pues estas cosas han sucedido. Soy un hombre pobre ahora y probablemente lo seguiré siendo. No tengo esperanzas de ser grandioso o poderoso."

El Sheikh había descrito, en una forma bastante confusa, cosas que me habían sucedido. Habló de nuevo. "No me equivoco, puede que hayan sucedido, pero no sucedieron así. Tu vida es un patrón establecido y quiero que sepas que este patrón volverá a aparecer, pero un poco diferente. Aquí hay una consigna: '¡Construye hacia el mar!'"

"No te entiendo."

"No importa. Deja de pensar. Hay miedo en tu corazón. No te va a pasar nada. ¿Por qué te preocupas?"

Todavía no sé qué significa Construye hacia el mar; o si el Sheikh me arrebató algunas imágenes de mi memoria y me las contó de nuevo; o si es así, por qué... En cualquier caso, este no es el punto principal de la historia.

Decidí dejar que todo me resbalara, por así decirlo, y resolver las impresiones al día siguiente. Sabía que los Sufis no son peligrosos, y de todos modos tenía poco para perder.

Uno de los derviches se enderezó de repente y gritó algo que no entendí. Inmediatamente lo siguieron tres más y luego otro. Juntos se separaron del resto y comenzaron a girar en sentido levógiro, al principio lentamente y luego cada vez más rápido. ¡Estos eran los derviches danzantes – de la Orden Bektashi – en acción!

Hubiera dado cualquier cosa por tener mi cámara conmigo. Este pensamiento me llevó de regreso a un estado de alerta total. Decidí pensar en cosas seculares para limpiar el cerebro. Pensé en la iluminación humeante; no muy buena, incluso para una lente rápida y una película hipersensibilizada. A esa velocidad de movimiento, también, hubiera sido imposible obtener una imagen sin flash. Seguramente no permitirían flash ...

Luego, como si hubiera recibido un fuerte golpe por detrás, el más alto de los derviches giradores se derrumbó en el suelo. Luego el que estaba a su lado, luego un tercero. Se dieron la vuelta donde yacían, con los ojos abiertos, vidriosos, los rostros vueltos hacia el techo. Los otros dos continuaron con su danza. Esta vez estaban rodeándose unos a otros, repitiendo Hy Hy, H, H, Hu Hu, Hy, ALLAH, a viva voz, con los brazos extendidos imitando a las aves. Ninguno de ellos parecía entrar en trance. Después de unos cuantos círculos más, vinieron y se sentaron en silencio fuera de nuestro círculo acuclillado.

Luego otro, que había estado sentado en silencio pasando las cuentas de un rosario a través de sus dedos, lanzó un grito sobrenatural y cayó de bruces contra el piso. Suavemente, el Sheikh lo volteó. Tenía los ojos cerrados y su respiración era tan superficial que me resultaba imperceptible.

Nos sentamos durante lo que parecieron ser unos minutos más; y cuando la puerta se abrió, uno de los hermanos entonó la convocatoria para la Oración del Amanecer. La sesión había durado toda la noche.

Ante esto las figuras recostadas recobraron vida. Todos los Sufis se dieron la mano y se saludaron con *salaams*, como si hubieran estado separados por algún tiempo. Fue en este momento que sentí una necesidad casi abrumadora de quedarme en el monasterio y participar en sus ceremonias.

El Sheikh lo sabía, porque cuando tomó mi mano dijo: "Este no es tu momento. Tienes lugares para ver y personas que conocer. Recuerda lo que te he dicho."

Más tarde le pregunté sobre el estado de los derviches que había visto en trance. Me dijo que según sus creencias estaban en un estado de cercanía al Poder Supremo y que para comunicarse con él, este estado de éxtasis requería que cesara toda conexión con el cuerpo físico: una especie de cortocircuito del sistema nervioso.

Le dije que había visto tales cosas en la hipnosis y también en el trance mediumístico. "Sí, sé sobre estas cosas. Se llaman *ruhaniyyat* y son contrarias al Islam. Nuestro trance es diferente, y cada vez que la persona lo alcanza se vuelve más poderosa en el sentido espiritual. No se puede decir lo mismo del *ruhaniyyat*."

Arriba a la izquierda: el rey Zahir Shah de Afganistán (brazos a medio levantar en oración) junto a la piedra negra engastada en plata de la Kaaba

Arriba a la derecha: claustros de la gran mezquita, La Meca

Abajo a la izquierda: dentro de la tumba: estandarte original del Mahdi. La línea de más abajo dice: "Muhammad el Mahdi, Diputado del Mensajero de Alá"

Abajo a la derecha: la Kaaba en el centro de la gran mezquita

En primer plano: antigua cúpula de la tumba del Mahdi. En segundo plano: la nueva tumba del Mahdi

"Debes recordar", continuó, "que nuestros ejercicios tienen poco que ver con la magia ordinaria y mundana". En cierto sentido, somos cultivadores de una forma divina de magia. Pero la magia normal y mundana ha de ser encontrada en otros lugares. Si quieres ver eso, ¿por qué no te diviertes visitando a Musa, el judío que vive en Damasco?"

Le pregunté si no creía que ese tipo de magia fuera peligrosa o engañosa, o tal vez diabólica.

"Todo es malo según el uso que se le dé. El Sufismo no puede usarse mal, simplemente porque su poder proviene de Dios. La magia mundana se puede usar con fines malignos o benignos, así como también cualquier otra cosa no espiritual puede ser utilizada del mismo modo. Si quieres lograr un fin malvado por arte de magia, puedes hacerlo; y si quieres lograr el bien, puedes hacerlo. Lo que no comprendes, es que todavía no entiendes – excepto muy aproximadamente – qué es el mal y qué es el bien. Por eso es mejor atenerse al Sufismo, que es total y esencialmente bueno."

Y ahora sobre cómo me convertí en aprendiz de brujo.

Viajé desde Yeniburj a Damasco sin tener ningún plan preciso sobre cómo desafiar a Musa en su guarida, pero pensé que podría darme algunas ideas sobre magia si mostraba interés.

Y así resultó. Musa (Moisés) el judío vivía en una pequeña casa no muy lejos del Gran Bazar de Damasco, y por lo que sé aún vive allí.

Lo encontré luego de preguntarles a todos con los que me crucé en la calle si conocían a Musa el judío. Resulta que mucha gente sí lo conocía, y después de aproximadamente una hora me llevaron a la morada encalada construida con arcilla, apoyada contra una pared alta, donde se podía encontrar al maestro. Llamé a la puerta de madera negra. Ni respuesta ni señales de vida. Un perro horrible y tuerto se deslizó por la calle alejándose de mí. Miré alrededor. Se veía un ojo que se asomaba por la ventana del primer piso. Luego se convirtió en una cabeza. Era una mujer a la que tomé por judía, y arriesgué mi única palabra hebrea en este territorio muy árabe: "*¡Shalom!*" La cara desapareció, pies arrastrándose. La puerta estaba abierta. Una anciana se paró frente a mí, pronunciando palabras en una lengua suave y poco alegre.

¿Musa Ejfendi fi? Me llevó a una habitación pequeña, bien amueblada al estilo urbano árabe. Los divanes corrían a lo largo de las paredes, alfombras de origen armenio en el suelo, un par de pequeñas mesas indias con superficie de latón soportaban una pipa de agua y un manuscrito polvoriento. Me senté y esperé.

Musa el judío, acariciando su larga barba gris y vestido con una túnica azul, entró a la habitación. Sonrió; su cara arrugada y sus ojos azules daban un extraño efecto de medio-placer y media-cautela. Ciertamente él no encajaba para nada con mi idea de cómo podría ser. La calavera negra estaba allí, la túnica, la barba patriarcal. ¡Pero qué tamaño tenía! Debe haber medido más de metro ochenta de alto… y fornido. Sus manos eran grandes y en su pulgar derecho brillaba un anillo plateado de piedra roja.

Se me acercó y, antes de que pudiera levantarme, tomó mis manos entre las suyas; luego se sentó a mi lado en el diván. Un niño apareció con café en una bandeja y bebimos el primer sorbo en silencio.

"Soy Musa, hijo de Yusif", habló en un árabe muy acentuado. Tuve la idea de que podría haber sido una especie de centroeuropeo, por su forma de hablar.

"Me han dicho que eres el maestro de las ciencias inusuales, y como viajero y buscador del conocimiento vine a saludarte, oh sabio."

"¿No eres árabe?"

"No, soy un viajero", el término que en estas partes es usado por alguien que no desea identificarse con ningún país o persona en particular.

"¿Musulmán?"

"Sí."

"¿Cómo te enteraste de mí?"

"Por el Sheikh Ibrahim, Santo de los Bektashi."

"¿Y a través de alguien más?"

"De los muchos con quienes he hablado, entre quienes tu conocimiento y piedad son leyenda."

Él sonrió. "Por medio del Sheikh Ibrahim, quieres decir. Bueno, él es un buen hombre, aunque algo estrecho. El Islam considera que reemplazó a todo lo que vino antes. ¿No es así?"

"Cualquier cosa que digas, oh sabio."

"Bueno, si quieres ver algo de interés, puedo mostrarte cosas que te sorprenderán. Pero quiero que sepas que debes convertirte en mi asistente a los efectos de estos experimentos. Esto significará que no debes enseñar ninguna de las artes a quien que no esté en condiciones de conocerlas, y también debes prometer que no ejercerás el Arte excepto cuando estés convencido de que al hacerlo estarás en armonía con el destino de las personas y del mundo."

"Me temo que no estoy en ninguna etapa que me permita determinar tales cosas."

"Eso es muy bueno. Considera estas experiencias, entonces, como meramente para tu propia educación. Cuando la gente viene a mí, generalmente es para que haga algo para ellos o para que los acepte como estudiantes. En la mayoría de los casos... no hago ninguna de ambas."

Musa me llevó a una habitación incluso más pequeña, donde azulejos de colores cubrían el piso y las paredes. En el medio sonaba una fuente. "Aquí te bañarás por completo, ¿entiendes? Cuando estés ceremonialmente limpio, ponte las túnicas blancas y las sandalias que te traerá el niño. Luego ingresa a la habitación de enfrente, pero no antes. Si quieres algo, aplaude."

No estaba del todo seguro en qué me había metido, pero decidí seguir adelante.

Media hora después estaba listo. En mis pies había un par de nuevas sandalias blancas. La túnica consistía en una larga prenda de algodón, con mangas anchas y tres o cuatro signos bordados en el pecho. También estaba incluido un casquete blanco, así que me lo puse.

Con cierta aprensión abrí la puerta del salón de magos. Él estaba sentado a una mesa grande, rodeado de un despliegue desconcertante que probablemente era un aparato alquímico: estantes repletos de tubos de ensayo, réplicas, crisoles, alambiques de vidrio a prueba de fuego, botellas que contenían líquidos rojos, blancos y verdes. Cuando se abrió la puerta, me indicó que me sentara a la misma mesa.

Sobre la superficie negra de la mesa había un libro grande, encuadernado en vitela, con caracteres inscritos en sus páginas. El sabio estaba pasando las hojas con una mirada de intensa preocupación.

Volví a echarle un vistazo a la habitación. Era oblonga y estábamos sentados en una parte estrecha de aproximadamente un tercio de la longitud total del espacio, que estaba dividida del resto por una línea blanca. La porción restante del piso estaba enmarcada dentro un gran cuadrado, en cuyo interior había un doble círculo de hierro, incrustado.

Dentro del círculo había signos y palabras hebreas inscritos; y también cosas como un brasero lleno de carbón encendido, dos velas en candelabros, un recipiente que contenía agua, un manuscrito y una mesa o altar alto.

"¿Estás listo?" Musa tomó una larga espada desnuda en su mano y me agarró del brazo, murmurando cuando entramos al círculo. Me hizo parar en un lugar marcado con un diseño de estrella y me dijo que si me movía de ese punto, no importa lo que sucediera, podría morir. “Así que quédate quieto.”

No lo creía, pero me quedé quieto igual. Esa espada no parecía demasiado tranquilizadora.

Hubo un crujido y un destello cuando Musa arrojó un poco de polvo al fuego. Un olor dulce y fuerte comenzó a surgir de él. Me entregó un libro. “Lee esto.”

“No puedo, está en hebreo.”

Con un gesto impaciente, agarró el libro y entonó: “AGLA, ADONAE, JEHOVA” y muchas palabras más. Después de pronunciar cada nombre ponía más incienso en el brasero. La habitación comenzó a emanar un calor opresivo, a pesar del hecho de que yo solamente lucía el delgado manto de algodón. Empecé a pensar en la atmósfera similar allí en Yeniburj.

Otro destello de fuego cuando el mago hundió su espada directamente en las llamas con un movimiento feroz, casi furioso. Del pecho de su túnica blanca sacó un trozo de papel con una estrella dibujada de cinco puntas y entonó varias oraciones con una voz hostil y pesada.

Entonces todo comenzó de nuevo. Yo estaba empezando a sentir un poco de cansancio y me preguntaba cuándo terminaría todo. De repente, a través del humo del incienso, Musa apuntó con un palo blanco de punta de metal a la pared opuesta. Algo parecía estar moviéndose. Al mirar hacia allí vi que era una imagen, más bien como una película a color en 3D. Era una escena: una imagen de El Cairo, como si hubiera sido tomada desde un avión suspendido en el aire arriba de la ciudad. No se movía de lado a lado como una película ordinaria sino que se hacía más grande, como si nos precipitáramos desde una altura inmensa. Pronto pude ver figuras en las calles, multitudes, tranvías, automóviles, incluso vendedores de maní. Era una escena que conocía bien, aunque nunca desde este ángulo...

Entonces el ángulo cambió. Estábamos sobre la isla de Roda y nos dirigíamos hacia una casa que estaba rodeada de palmeras.

La cámara pareció posarse en el techo y luego se movió con increíble rapidez a una escena dentro de la casa. Esta era una habitación grande y bien ventilada. Unos doce hombres estaban sentados alrededor de una larga mesa. Todos vestidos con la túnica azul y el turbante rojo de la Universidad Azhar. Enfrente de cada uno había un bloc de notas, tinta y alguna especie de agenda.

Nosotros – o la cámara, o lo que fuere – nos cerníamos sobre la mesa. Un hombre hablaba y los otros escuchaban. No podía oír ningún sonido, pero los labios del hombre se movían como en un discurso enfático. "¿Qué está diciendo?" Hablé con Musa, que estaba arrojando más incienso en el fuego.

"Lo escucho, tú no puedes. Silencio, esto es importante..."

De repente, mientras me inclinaba hacia delante y mi cabeza se proyectaba más allá de la circunferencia del círculo, la imagen se rompió. Musa se volvió hacia mí con la cara transfigurada. "¡Tonto, idiota, hijo de un demonio! ¡Qué has hecho! ¡Lo has arruinado todo! ¡Se ha ido!"

Me arrastró de vuelta al círculo. Me temo que ya me estaba acobardando un poco. No creía que la aparición fuera más que un espectáculo de cine, diseñado para impresionar a los crédulos... pero no había previsto la furia del mago.

Permanecí en silencio mientras continuaban los conjuros y el lanzamiento de incienso, la exhibición de la estrella y el hundimiento de la espada en el fuego, con Musa aparentemente cada vez más excitado. Pero nada pasó. Finalmente Musa me tomó de la mano y me sacó del círculo.

Me sentía muy tonto, bastante molesto y desconcertado. Pero Musa parecía haber recuperado los estribos. "Tengo algo en este libro", señalando el tomo que había estado leyendo cuando entré a la habitación, "que he querido desde hace algún tiempo. Creo que tu venida fue muy afortunada. Ahora cámbiate de ropa y vete. Si necesitas dinero te daré un poco. Me has ayudado. Lamento haberte hablado duramente."

Cuando me hube vestido, entré nuevamente a la pequeña sala de recepción. Musa me estaba esperando.

"Ahora, ¿dicen que todo está perdonado?"

"Sí, pero ¿no me mostrarás algo más?" Quería reunir más material, y ahora me sentía mejor; aunque todavía no podía entender cuál era su objeto.

"No, debes irte ahora, es lo mejor. Si te quedas aquí, es posible que no estés a salvo."

Salí a la oscuridad y volví a mi hotel sin poder comprender la experiencia. Era como algo sacado de una novela; como un semisueño.

El pensamiento normal no podría explicarlo. Si Musa realmente pudo conjurar imágenes de lugares a cientos de kilómetros de distancia, ¿cuál era el propósito? Si me estaba engañando, ¿por qué? No le di nada por ello. De hecho, él me ofreció dinero. La única otra solución era que estaba enojado o simplemente satisfacía un retorcido deseo de impresionar a los demás. Si ese fuera en realidad el caso, ciertamente se había puesto en gasto para obtener las por demás inusuales imágenes de cine tridimensionales de El Cairo a todo color, y habría necesitado un helicóptero para obtener esas fotografías estáticas desde una gran altitud. ¿Acaso se te ocurra algo para explicar todo esto? Es fácil descartar tales cosas como si fuesen alucinaciones: pero no es tan fácil cuando eres la persona a la que le han sucedido.

... Mi itinerario árabe-africano estaba completo. Ahora, como un contraste estimulante, iba rumbo a un tipo diferente de peregrinación. Habiéndole dado al complicado Pakistán una mirada superficial, me apresuré en dirección noroeste hacia mis cañadas nativas afganas: a la tierra de guerreros fuertes, granadas, ovejas de cola gruesa, lapislázuli y – tal vez, quién sabe – la primera fotografía del Jefe afridi Ipi, el terror de las cordilleras...

CAPÍTULO XXIII

Rey guerrillero de la tierra de nadie

Era el día de la independencia en Kabul. Durante la semana pasada, los bravucones jefes de clanes de cada parte de Afganistán habían estado pavoneándose por los bazares decorados, matando el tiempo entre una fiesta gigantesca y la siguiente, observando el feroz "rugby a caballo" que se llama *Buz-Kashi* y en el que participan hasta cien jugadores por equipo.

La capital del reino montañoso se hizo eco del paso y repaso de los afustes, guardias de élite con botas, jinetes salvajes del norte, vítores para el joven rey Muhammad Zahir Shah.

A la noche, durante las celebraciones de tres días – extendidas extraoficialmente a diez por la demanda popular – los fuegos artificiales y la iluminación del Palacio Real proporcionaban un verdadero placer para los guerreros de montaña, los uzbecos con abrigos de lana y los nómadas de mirada ensimismada del lejano Turquestán.

Había estado en Afganistán apenas tres meses buscando el Fakir de Ipi en todas partes, pero parecía no haber rastro.

Sabía que había escapado una vez más del lado pakistaní de la frontera sur, que se había establecido un gobierno pastún en algún lugar de la Tierra Libre a este lado del

Khyber. A pesar de que las calles de esta ciudad pululaban con sus miembros del clan y sus partidarios cercanos, el cómo encontrar al Fakir seguía siendo un misterio.

En Pakistán nadie sabía nada sobre el Fakir. "Ve a Kabul, ¡él está confabulado con los afganos!"

En la capital afgana había amistad, cooperación, té verde y fiestas. No había Fakir de Ipi. "No sabemos dónde está Ipi. Los periodistas extranjeros han estado esperando meses para obtener una pista sobre él."

Un hombre aquí, que nunca había salido de Kabul, pasó días escribiendo su historia exclusiva bajo la teoría de que nadie había entrevistado al Fakir: probablemente nadie lo haría, y creyó que podría salirse con la suya acordando con algún periódico estadounidense.

"'*Me reúno con el Fakir loco*', mucho color local, y listo", me dijo.

No había duda de que el afgano promedio era pro-Fakir hasta el fin. Capturando la imaginación popular como el temerario fuego fatuo a quien nadie podía ver, cuyas hazañas se habían prolongado durante treinta años desde un extremo de la frontera al otro, Ipi era sin duda el Héroe Número Uno para ellos. Pero ninguno lo había conocido.

Los ceñudos pastunes de la Tierra Libre entre Pakistán y Afganistán podrían venir a Kabul, se los vería pasear por las calles: de su líder no hablarían en absoluto.

Una noche fui invitado a una fiesta celebrada en honor de un Jefe visitante, Yakub Khan. Dentro de la inmensa carpa tártara bordada, las alfombras de Herat y los cojines de seda eran nuestros asientos. Alrededor de trescientas personas se sentaron con las piernas cruzadas alrededor de los coloridos manteles tejidos en tonos marrones y rojos, esparcidos con costoso *pilau* aromático y dorados pollos asomando tímidamente desde los montículos de arroz teñidos de amarillo.

Varias horas y algunos litros de té verde después, lleno y fatigado, seguí a Yakub al jardín para el baile de la espada alrededor de la hoguera, rodeado de guerreros con turbante que portaban toda variedad de armas ofensivas que pudieron encontrar.

Estaba tratando de seguirle el ritmo al apetito del Khan por las frutas secas – y sus chistes improvisados – cuando me habló en el áspero pastún de las montañas. El persa era lo mejor que podía ofrecer, pues el pastún era realmente demasiado.

"¿No conoces el pastún?" No para hablarlo. Ciertamente no el dialecto Waziri. "¿Cómo podrías hablar con Ipi, entonces?" Entendí que se estaba haciendo un acercamiento.

"En persa".

"Ya veo. ¿Conoces mi clan?"

Le dije que sabía que era un waziri. "Sí, pero soy un Turi-Zai". Esa es la propia rama de los Waziris de Ipi.

El rostro barbudo y hosco, coronado por un turbante negro descuidadamente atado, se acercó al mío. "Si eres un traidor morirás... después de ser tostado".

Esto fue algo sacado de la imaginación de un guionista. Le dije al Khan que quería ver al Fakir y que no tenía ninguna opinión sobre él, excepto que sabía de su valentía al comandar a sus seguidores durante veinte años de guerra fronteriza.

"El Fakir te verá en Gruik. Cuando llegue Yahja Gul Jan, sabrás la hora. El país está lleno de espías. Si vienes, deberás jurar sobre tu sangre no contar información militar, excepto lo que te permitamos. Puedes quedarte tres días en Gruik; tendrás que pasar al menos un mes en Kabul después de regresar de allí. Durante ese tiempo, nuestra gente te observará."

Me parece justo, pensé. Una vida de intrigas y asaltos fronterizos ciertamente le había enseñado al Fakir una o dos cosas sobre el trabajo encubierto.

Estaba empezando a sentirme más que nunca como un espía internacional. El suspenso era agudo. Existía el temor de que esto fuera solo una broma, ya sea de alguien que conociese mi búsqueda o incluso del propio Fakir.

Pasaron tres días sin rastro alguno de Gul Jan, quienquiera que fuese. Realicé largas caminatas por los jardines de moreras a lo largo del magnífico camino arbolado hacia Dar-el-Aman, rumbo al valle montañoso de Paghman. Nadie parecía estar siguiéndome.

A la tercera noche vino Gul Jan. Yo estaba sentado en mi café habitual, rodeado de asesinos de la Montaña Negra fumando de narguiles. Una figura inmensa, con hombros enormes, la cicatriz tradicional en la mejilla izquierda y un hombro doblado por el peso de una vida cargando un rifle, se sentó a mi lado. Mientras gritaba "¡*Ho Bacha*, trae té rosado!", encontré en mi puño un trozo doblado de papel hecho a mano.

Gul terminó su té de cardamomo de un sorbo. Sin siquiera mirarme salió en dirección al bazar de armeros, un subfusil Sten pendía de su cinturón.

De vuelta en mi departamento, leí el mensaje que llevaba el monograma cursivo del Fakir. Tenía que ir a la frontera, "solo y desarmado", hasta el punto en que el Territorio Independiente penetra en Afganistán.

Contraté un auto para este horrible viaje; estuve allí en dieciocho horas. Bajo la sombra de una roca con forma de pan, en este desfiladero a muchos kilómetros de cualquier lugar, estaba sentado un viejo pastor. Él se hizo cargo del automóvil y pidió ver qué "escritura" llevaba. Se la pasé a él. De detrás de la roca sacó un cuadrado de algodón blanco y lo puso en el suelo.

Cuando el crepúsculo se deslizó sobre los valles de las montañas, una pandilla de seis pastunes se acercó.

Con los extremos de sus turbantes sostenidos entre sus dientes al estilo de los bandidos, tenían un verdadero aire a los hombres de la frontera nacidos en libertad. En dos minutos estaba sentado, con los ojos vendados, sobre su caballo de reserva.

Anduvimos lentamente por gradientes cubiertas de rocas durante una hora y media. Entonces mis ojos fueron descubiertos. Estábamos en un valle en forma de copa entre las cordilleras, inquietante a la luz de la luna llena.

Dentro de un fuerte largo y bajo construido contra la estrecha entrada a esta depresión, me acosté agradecido sobre una palia de paja desnuda y dormí.

A pesar del abrigo de piel de oveja *postin* que me cubría, el frío me despertó justo antes de que el amanecer rayara el cielo. Mientras me levantaba, un guardia con botas de montar y bandoleras cruzadas sobre un chaleco de cuero me trajo jugo de granada y agua caliente que había hervido sobre un fuego de carbón.

Aparté la cortina de algodón acolchada del marco vacío de la ventana. Alrededor del valle la escarcha se reflejaba en el césped verde intenso. En un extremo, un pequeño bosque llevaba un arroyo hacia el oeste. A cada lado, donde los acantilados se elevaban bruscamente, los edificios de granito gris – revestidos de enredaderas en la mayoría de los casos – seguían los contornos de las rocas.

Varios cientos de hombres, completamente armados, se quedaron inmóviles mirando hacia La Meca en su oración del alba, sus cuerpos fornidos empequeñecían al líder de la oración, uno o dos pasos por delante.

"*Rais-i-Jamhur*" ("Presidente de la República"), dijo el guardia.

Esta fue mi primera visión de Mirza Haji Ali-Khan, el Fakir de Ipi.

Dos hombres con gorros de piel, pantalones bombachos y medias botas entraron en la caseta de vigilancia. En túnicas que parecían estar inspiradas en el tipo americano, tenían todos los indicios de una fuerza militar organizada. Los destellos bordados de los hombros llevaban la insignia "Pastunistán" de una montaña con un sol saliendo detrás de ella.

Se presentaron como oficiales de la "vieja guardia" de élite, formada recientemente por las guerrillas pastunas con experiencia en el ejército indio o afgano.

El mayor Asaf, uno de los miembros de la comitiva del Fakir, había leído un libro mío anterior, en parte basado en algunas de las hazañas del Fakir. Me estrechó cálidamente la mano. Creo que probablemente fue a través de él que tuve la oportunidad de ver a Gruik.

Un Jeep – originalmente llevado por manos humanas a la fortaleza de la montaña – me condujo a través del valle, más allá de tres baterías antiaéreas, a la sencilla casa de madera donde vive el Fakir cuando está "en casa".

Un mástil de radio sobresalía del techo; el lienzo teñido de verde cubría el marco como camuflaje contra los aviones de reconocimiento paquistaníes. En la puerta, enmarcada con encanto en un elegante diseño arabesco, estaban inscritas las palabras formales: *Mirza Haji Ali-Khan, presidente del Pastunistán libre.*

Un hombre de metro ochenta con bayoneta fija presentó las armas cuando nos acercamos. Observé la granada y las barras de explosivos en su cinturón con cierta aprensión. Los pastunes son terriblemente descuidados en lo referido a la seguridad personal. Justo pasando la puerta se encontraba el propio Fakir.

Era un hombre delgado, de piel clara y barba marrón, que fácilmente podía pasar por europeo. Llevaba pantalones anchos, sandalias envueltas en chapli y un chaleco bordado sobre una túnica militar.

"Bienvenido a Gruik". Tomó mis dos manos entre las suyas. "*¡Stare ma she!*" ("¡Que nunca estés cansado!"), el tradicional saludo pastún.

Un fuego ardía en la gran sala con entramado de madera. En las paredes había mapas de los países vecinos, junto a un revólver y una alfombra de oración colgada a un lado.

Nos sentamos en almohadones para compartir un desayuno de carne y yogur con té de un samovar alimentado con carbón.

Los ojos del Fakir brillaron. Parecía tan pequeño, tan delicadamente hecho, que me resultaba difícil creer que este fuera el guerrero más famoso entre una raza de luchadores.

"Eres el primer no pastún en venir a Gruik. Ni siquiera hay muchos de los nuestros que pueden llegar hasta aquí, pero espero que en poco tiempo las cosas sean diferentes."

Uno por uno los gobernantes de este extraño estado guerrillero de tres millones de personas acudieron a su encuentro matutino con el Jefe. Conocí al mulá Sher Ali Khan, asesor de defensa nacional, con un elegante uniforme debajo de su abrigo de piel de oveja. Inmediatamente habló de "repetidos bombardeos aéreos por parte de Pakistán que más de una vez casi han arrasado con Gruik."

"Esas armas antiaéreas fueron capturadas cerca de Peshawar en el '49 y traídas aquí pieza por pieza."

A media mañana visité la fábrica de armas, escondida en un panal de cuevas excavadas en túneles de la roca, probablemente minas de metal prehistóricas. Utilizando la electricidad de la energía eólica, y a veces tornos manuales, los miembros del clan Afridi trabajaban laboriosamente en réplicas de los rifles británicos Lee-Enfields. Elegí uno. Era perfecto, incluso en el detalle del monograma "GR" y la corona. Pero además estaban las palabras "Pastunistán libre".

Me mostraron un prototipo de un lanzacohetes liviano del estilo "hermanas sollozantes". En lugar de las baterías que encendían el proyectil en el modelo original, este parecía estar diseñado para funcionar con algún tipo de mecanismo de sílex y acero, similar a un encendedor.

A medida que se completaba y probaba cada arma, esta era llevada al campo cercano donde se entrenaba a los reclutas; algunos de ellos niños de unos quince años.

Afirmando que el Fakir llevaba una vida encantadora, el asesor me mostró varias bombas que, dijo, habían caído cerca de él y no habían explotado.

Estaba decidido a obtener la historia de la vida de Ipi. Pero era reacio a hablar de sí mismo. "Yo no importo", sus pequeñas y suaves manos pasaban incesantemente las cuentas de su rosario, "no hay nada inusual en mí. Tengo cuarenta y ocho años, nací en Khesora, en el centro de la Tierra Libre. Mi padre era un hombre santo: por eso ahora me llaman Fakir. Soy un soldado aunque originalmente estudié Ley Islámica. Cuando hube memorizado todo el Corán, pasé al estudio de la ciencia occidental moderna."

"Durante dieciséis años comandé a pastunes contra los ejércitos indobritánicos en la frontera. Nunca sentí rencor contra el Reino Unido, por supuesto: mi deber era solamente ayudar a nuestra gente a defenderse. A veces solía pasar períodos en la India británica, y me gustaba bastante."

El Fakir suspiró. "Tampoco me disgustan los pakistaníes. Pero los británicos y yo nos entendíamos. Estoy seguro de que hoy encontrarás a miles de personas en Inglaterra que lo saben."

El hecho de que alguna vez hubo un precio de £ 6.000 por su cabeza, y que nadie lo reclamó, lo divirtió mucho. "Eso fue durante los días británicos. Me pregunto si la oferta aún sigue vigente."

Mientras que sus oficiales eran, sin excepción, curtidos luchadores de montaña, el propio Fakir me impresionó una y otra vez como alguien extrañamente gentil, un soñador que por cierto era solo un soldado. Su perspicacia política es famosa. "No tenemos ningún tipo de apoyo de ningún poder externo. Queremos desarrollar nuestro país y garantizar su independencia. Hay tres millones de nosotros aquí, y varios millones más en la frontera y en lo que ahora se llama Pakistán. Muchos más están en Afganistán. Nuestro país tiene grandes riquezas minerales y, según cualquier definición de derecho internacional, somos soberanos en nuestro propio territorio. Unámonos a las otras naciones como hombres libres. Esta es una de las razones por las cuales nuestros combatientes fueron a Cachemira: para llamar la atención sobre nuestros reclamos. Como no se hizo nada, retiré a casi todos los Guerreros Sagrados del Frente de Cachemira." Habló extensamente sobre supuestas promesas incumplidas y muchos otros asuntos políticos.

Pasé la mayor parte de esos tres días recorriendo la ciudad y haciendo preguntas. Mientras tanto, el Fakir estaba ocupado reuniéndose con delegaciones de ancianos tribales, dirigiendo las oraciones y dando discursos.

El Ministro del Interior – Maulavi Zahir Shah, Khan – me mostró las cavernas, equipadas con raciones y camas, donde las mujeres y los niños se refugiaban durante los ataques aéreos.

En varias discusiones, el Fakir y sus oficiales me describieron sus planes. El territorio independiente, dijeron, se estaba organizando bastante bien. Casi todas las vendettas y cuestiones similares habían cesado. En lugar de la reyerta de sangre, el Fakir había instituido el Pacto de la Hermandad.

Me dijeron que los ataques en Pakistán fueron diseñados para "contener" a los pastunes y evitar que ataquen Peshawar y otras ciudades cercanas a la frontera. Pero los pastunes afirmaron estar organizándose por otra razón. Habían establecido una Asamblea Nacional y tenían un ejército regular. El "Estado" tiene poco dinero, y la mayoría de los ingresos van para comprar armas y provisiones. El sistema de espionaje Ipi se extiende por todo Afganistán y Pakistán, donde viven o trabajan millones de pastunes. Las acusaciones de que India ayudaba a los pastunes fueron desestimadas como "basura". "¿Me como la sal del infiel, adorador de palos y piedras?", rugió el propio Fakir cuando hablé de esta historia que había escuchado en Karachi. Su rostro se transfiguró, y se parecía mucho más a un jefe de bandidos en ese momento.

Los suministros como la gasolina y los productos manufacturados que se necesitan en la capital de Gruik y otras partes de "Pastunistán", se pasan de contrabando a través de los muchos pequeños pasos al norte y al sur del Khyber, y probablemente también provengan de los simpatizantes de Afganistán.

El servicio de información de la capital montañosa está tratando de conseguir un transmisor de radio realmente poderoso. En este momento solo hay unos pocos equipos militares en uso.

Otras comunicaciones son por paloma mensajera o mensajeros como Gul Khan.

Además de los veteranos de la "Vieja Guardia", existen varias otras formaciones. Observé a algunos de los irregulares entrenar bajo un exsargento pastún de los Rifles del Khyber.

En una esquina del patio de armas – que también es un campo de hockey para los pistoleros del AA – se encuentra el monumento a los caídos. Esto adopta la forma de una losa de piedra gris, en donde está grabada la inscripción en pastún y árabe: “Recuerden a los que fueron mártires por su libertad, desde antes de Alejandro Magno, hasta que Alá quiera.”

Los miembros de las guerrillas se acercan más a la concepción habitual que se tiene de un jefe de bandidos – más la de un pirata – que cualquier cosa que haya visto en otros lugares. Sin excepción, están armados hasta los dientes. El atuendo típico es botas altas o sandalias, pantalones anchos, camisa túnica y turbante ajustado. Este último es también la mortaja del guerrero, y lo lleva incluso cuando usa una gorra de piel en las laderas congeladas de las montañas. Los uniformes militares de todo tipo están muy de moda, pero solo las tropas “regulares” pueden usar las insignias de cobre con el emblema de la montaña y el sol.

La actitud general de estos pastunes sigue siendo la del saqueador, del mercenario. Son pocos los que parecen preocuparse por las implicaciones más importantes de la condición de estado independiente. Cuando les preguntaba sobre la libertad, generalmente respondían que como individuos ya eran libres y que siempre lo habían sido. Sus “objetivos de guerra” colectivos son dejados en manos del Fakir y otros líderes.

Quizás lo más sorprendente de este único estado guerrillero en el mundo es que el Fakir ha logrado que tantos clanes diferentes trabajen juntos. Durante siglos, estos Afridis, Wazirs, Mohmands y el resto se enfrentaron mutuamente. Si se mantiene esta nueva unidad, es imposible saber qué nueva fuerza podrá desarrollarse en la tierra de nadie.

Ni Afganistán ni Pakistán gobiernan el cinturón de territorio que se extiende entre sus límites. Cada país está interesado en él como un problema fronterizo. Ninguno, hasta ahora, ha reconocido oficialmente al Fakir y a su gobierno. Quizá pase mucho tiempo antes de que ambos lo hagan. En cualquier caso, la determinación y persistencia con la que estos pastunes están tratando de formar una especie de comunidad unificada en medio de las rocas desnudas de su tierra natal es algo que probablemente sea único hoy en día.

El Fakir me dijo que había recibido muchas ofertas de aventureros que querían unirse a sus filas, pero no quiso decir si había reclutado a alguno de ellos.

Al tercer día me llevaron por otra ruta fuera de la capital pastuna, con pequeños obsequios presentados por el Fakir. Uno de ellos era una daga de plata con la inscripción Pastunistán Libre. Otra era una bandera nacional roja y verde, con el emblema de la montaña y el amanecer bordado en seda. Sobre todo, aprecié la invitación del Fakir: "Regresa cuando tengamos nuestra libertad total: ¡entonces verás lo que es la verdadera hospitalidad!"

De vuelta en Kabul, la gente que escuchó que había ido a ver al legendario Fakir me trató casi con aprensión. Y no hay duda de que fui observado por un extraño ocioso que siempre parecía estar cerca durante el resto de mi estadía allí. Pero conocí al Fakir de Ipi y vi a Pastunistán en acción. Eso era lo que importaba...

Mi misión autoimpuesta fue finalizada: pude mirar hacia atrás y abarcar casi dos años de andanzas, varias curvas cerradas, pero con un éxito del ciento por ciento.

Lo que había comenzado como una búsqueda para ver y registrar algunos de los desafíos mundiales que persistían en Oriente, producto de su mismo éxito, finalmente aumentó mi apetito por más.

Me senté en el penetrante invierno de Kabul para escribir mis notas. Mi compañera infalible yacía a mi lado. Hasta que recomenzaran mis andanzas, la Robot f/2.8 descansaría cómodamente en su estuche.

Un pedido

Si disfrutaste este libro, por favor deja una reseña en Goodreads y Amazon (o donde quiera que hayas comprado el libro).

Las reseñas son el mejor amigo de un escritor.

Para estar al tanto de las novedades acerca de nuestros próximos lanzamientos o noticias de la Idries Shah Foundation, apúntate a nuestra lista de correo:

http://bit.ly/ISFlist

Y para seguirnos en las redes sociales, usa cualquiera de los siguientes enlaces:

https://twitter.com/IdriesShahES

https://www.facebook.com/IdriesShah

http://www.youtube.com/idriesshah999

http://www.pinterest.com/idriesshah/

http://bit.ly/ISgoodreads

http://fundacionidriesshah.tumblr.com

https://www.instagram.com/idriesshah/

http://idriesshahfoundation.org/es

www.ingramcontent.com/pod-product-compliance
Lightning Source LLC
Chambersburg PA
CBHW051722040426
42447CB00008B/938

* 9 7 8 1 7 8 4 7 9 9 0 2 1 *